黄小波与杰克的22年

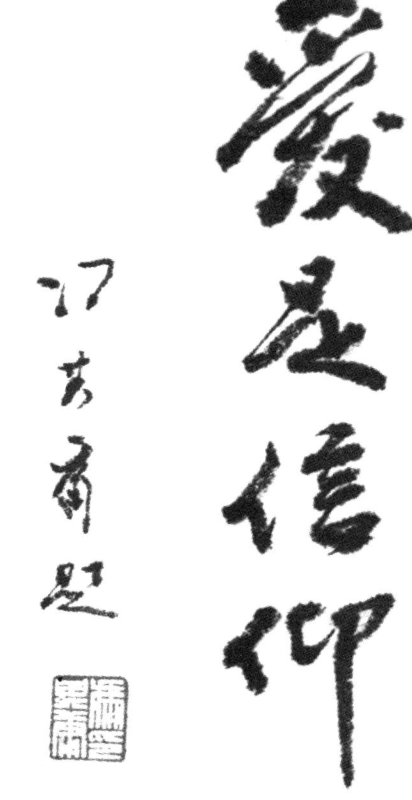

Believe In Love

Xiaobo & Jack LaPresta's
22 Years of Marriage

黄小波 口述 | 石韫 撰写

文匯出版社

图书在版编目（CIP）数据

爱是信仰：黄小波与杰克的22年 / 黄小波口述；石韫撰. -- 上海：
文汇出版社, 2012.8
ISBN 978-7-5496-0563-7

I. ①爱… II. ①黄… ②石… III. ①回忆录–中国
–当代 IV. ①I251

中国版本图书馆CIP数据核字（2012）第142209号

爱是信仰

出 版 人 /桂国强
责任编辑/戴 铮
装帧设计/王 翔 陆 燕
封面题字/冯其庸
出版发行/文匯出版社
上海市威海路755号（邮政编码200041）
经　　销/全国新华书店
印刷装订/江苏省启东市人民印刷有限公司
版　　次/2012年8月第一版
印　　次/2012年8月第一次印刷
开　　本/787×1092 1/16
字　　数/180千
印　　张/16.25

ISBN 978-7-5496-0563-7
定　　价/ 30.00 元

目录

天马行空的开始

爱是我的信仰

关于面包和春卷的奋斗史

目录

清晨淡薄的雾气与太阳缱绻缠绕，酝酿出几道温柔的光，透过窗玻璃，落在他的圣经上，已略微泛黄的纸面散着些许轻轻摇弋的光晕。

他一如平常的每一天，正端坐着朗读圣经，读到感悟处，便停下，细致地做些笔记。随后，他开始祈祷：

“爱我们的主，耶稣基督，

“愿您赐予我们的总统先生以智慧，让他能为世界和平、国家繁荣做出贡献。

“愿您能保佑凯瑟琳（Catherine）、麦德伦(Madaline)身体健康，心情愉快。

“愿您保佑我的岳母欧阳翠，使她的眼疾能尽快康复，可以重见光明。

“我深爱的小波、梅，我的爸爸妈妈，乔安娜（Joann）、琪琪（Gigi）、泰瑞（Terri）、岳父黄彬琳、哥哥杜宪刚、姐姐梦璞、运运、小琳，姐夫周天、铁林、朱忠良……我的每一位家人，愿上帝保佑你们。

“……

“奉活着的主耶稣基督之名，阿门。”

他竭尽所能为脑海中的每一个人祈祷，刚丢了工作的朋友、邻居家患了腿疾的孩子……他念出他们的名字，混杂着流利的英语和蹩脚的中文。

最后，他恳求上帝保佑他成为更好的丈夫和父亲。

待合上圣经时，阳光已变得充满力量，高傲地穿入房内，宛若许多条金色的缎带，还闪耀着星星点点的尘埃，在他的周围抹上了一层温润的光芒。

我看着他，他就坐在那儿，我能看见。一切都未曾改变，我依然能触碰到空气罅隙间的每一处温暖。

别惊扰这一切，即使，即使这只是你们口中的，又一个梦。

天马行空的开始

初识

我们的车驰骋在宽阔的公路上，开车的是我朋友，外号熊猫，他要带我去他的家乡青年镇（Youngstown）游玩，顺便认识一位开面包店的好友。

看着窗外，一路都是美国式的风景，植被成林，一望无际。虽然已是冬季，树木大多褪去了绿色，但瞧见它们彼此交织依靠，连绵不断，我还是能清晰感受到那股鲜活的生命力，如同我清晰地知道自己已身在美国整整一年了。然而这一年，真是充满了不可思议。

1985年，上海又一个热烈的夏天，太阳火辣辣地挂在头顶心上，我拖着收拾好的行李在华师大校园里闲逛，明天，我就要从这儿毕业了。路过图书馆的小卖部时，碰巧看到一个外国女子正吃力地与售货员沟通，我便上前做翻译帮助她俩。相互自我介绍后，我

包娜来我家做客，一排左起：妈妈欧阳翠、包娜、爸爸黄彬琳；二排左起：二姐黄运运、三姐黄小琳

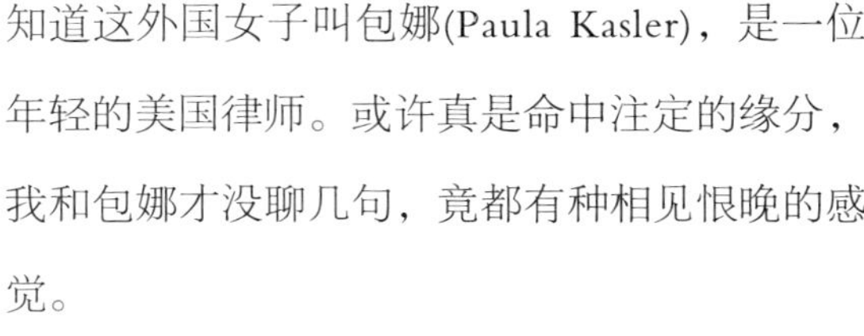

知道这外国女子叫包娜(Paula Kasler)，是一位年轻的美国律师。或许真是命中注定的缘分，我和包娜才没聊几句，竟都有种相见恨晚的感觉。

小卖部不便久留，我们俩就坐车到中山公园，找了个长椅坐下。酷暑难耐，树上的知了又肆无忌惮地叫唤着，我们只得一边擦汗一边扯着喉咙说话，可时间一晃而过，我们竟聊了三个多小时。包娜得知我妈妈也是学法律的，提出想去我家拜访，我便欣然邀请了她。

我和包娜

包娜家

接下去的几周里，我与包娜已姐妹相称，还结伴去了好几处地方旅行。有一天包娜忽然提出要用他父亲卖掉房产的钱赞助我去美国攻读硕士，并愿意承担我的生活费。我简直不敢相信自己的耳朵！我想任谁都会有与我一样惊讶的反应吧？可包娜见我这样却感到很奇怪，她说：“我在上海三个月，常碰到一些陌生人会拦住我，盛情邀我去他们家吃饭，但目的其实都是想拜托我担保他们去美国，而你和我这么要好，却从来没开过口，难道你不想去美国深造吗？”我说：“我很想去，可我不好意思提，也不敢提。”

然而，就是这样一个连提都不敢提的“白

日梦”却真的成了现实，半年后，我踏上了美国的土地，兜里只揣了自己东拼西凑来的60元美金。一开始，我住在包娜位于旧金山的家里，上了六个月的语言学校，八月，申请到爱克隆（Akron）大学的奖学金后又搬到了俄亥俄州（Ohio State），就这样云里雾里地在这里生活了五个月。连我自己都觉得这整个儿过程完全就是在演绎“天马行空”四个字。

初到美国

“嘿，我们到咯！”

熊猫打断了我的思绪，他把车停在了一间平房门口。我下车瞧了瞧，眼前的房子大概是因为年岁已久，原本白色的木质外墙泛出了浅灰色，房顶边缘也都已经破损了，房外竖着几块牌子，最顶上那块写着“杰克的面包屋——家庭式风格”。

“家庭式风格”的面包屋？真有意思，我还从来没见过呢。熊猫领着我进去，看来这面包店的老板就叫杰克，我暗忖。杰克（Jack），这是这个名字第一次在我的脑中闪过。

“嘿，我的朋友，欢迎你们！”

一个高个子的中年外国男人大步上前和熊猫来了个拥抱，接着又一把将我紧紧拥入怀中，轻拍了几下我的后背，再扶住我的肩膀，看着我的眼睛。来美一年，我早已习惯并学会了他们的礼仪方式，见面彼此先来个大大的拥抱，但却从

杰克的面包屋

年轻时帅气的杰克

杰克曾是橄榄球运动员

未有过像这一刻般奇妙的感受，仿佛有一股强劲的暖流注入了我的体内，让我稍有点儿愣神。

“小波，这个就是杰克。”

我见到了名字的主人，粗略打量一番，一米八几的身高显得整个人十分挺拔，他冲着我微笑，真是没心没肺似的灿烂，嘴角上扬勾勒出的弧度让我看着看着心情就莫名地晴朗起来。

“杰克可是我们这儿出了名的大帅哥，拥有纯正的意大利血统，怎么样？很英俊吧！”熊猫轻拍了一下我的肩。

英俊？还不至于吧。我承认杰克给我的印象不错，他的拥抱和笑容都让我觉得很特别，但要说他是大帅哥的话，我可不敢恭维，我又不是没见过外国帅小伙。眼前的杰克顶着一头灰蒙蒙的头发，活像黑白胡椒粉的混合体，还留着一撮同色系的小胡子，怎么看都只能算是个阳光亲切的大叔。事实上，他已44岁，比我整整大了15岁，的确不年轻了。

“这是杰克的老爸。”

熊猫指了指杰克身后的老人，他正忙活着给一整个烤盘的面饼涂番茄酱。杰克和他爸爸都穿着白色的围裙，我看着他们，心想男的穿围裙还笑呵呵的，真是滑稽。

几句愉快的寒暄后，杰克带我参观他的“家庭式面包房”，他向我一一介绍做面包的机器，说得津津有味。见我对一个特大的旋转式烤箱颇感兴趣，还热情地操作给我看。我于是发现杰克说起话来抑扬顿挫，仿佛大珠小珠落在清脆的玉盘上，再搭配上丰富的肢体动作，竟能让每个话题都变得生动有趣，让我忽然联想起了家乡上海唱滑稽戏的演员们。

大约15分钟后，我和熊猫准备出发去别的地方。这时，杰克的老爸突然来了句：“小波，你为什么不嫁给我儿子呢？”表情、语气还都不是开玩笑的。熊猫听了爆出一阵笑声，我却觉得有点儿莫名奇妙，只好冲老人家露出一个圆场式的微笑。这么严肃的问题您怎么能那么随便地问我呢？况且，我为什么要嫁给您的儿子？！我对他又没感觉……我在心里嘀咕着，还默默地作了回答。

临走时，杰克往我包里塞了一个手工的木制小熊作为初次见面的小礼物，我礼貌谢过后便转身离开了。

“小波，你赶紧给杰克介绍个女朋友吧，不然他爸爸可真要找你当媳妇咯。”出门后熊猫还不忘调侃我。

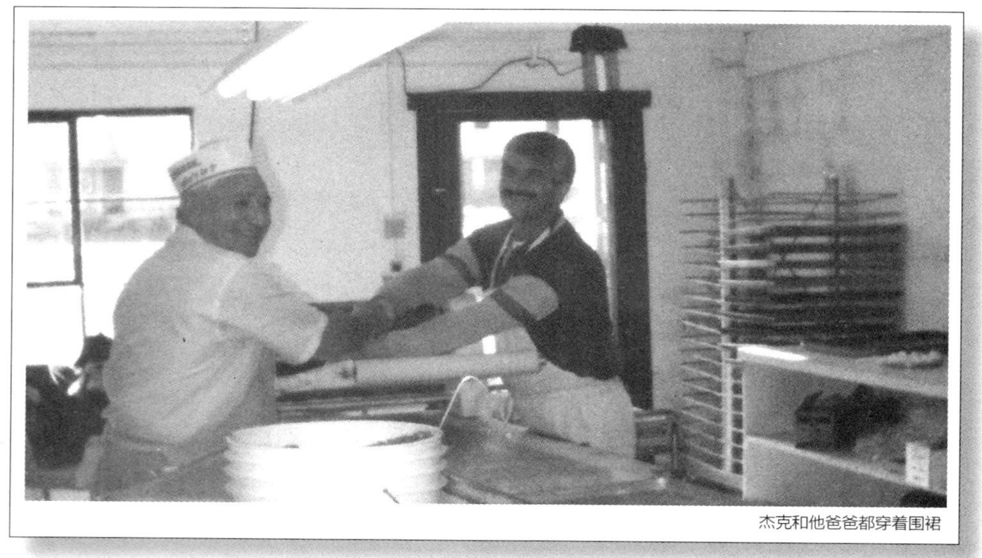
杰克和他爸爸都穿着围裙

“好啊，没问题。”我欣然答应。

红娘可是个讨喜的活儿，何乐而不为？事实上，我已经成功撮合了四对情侣，对此我可是很骄傲的。

他的告白

很快我就真的为杰克物色到一个优秀的对象，那是个漂亮的伊朗姑娘，是我的校友，她在爱克隆大学攻读博士。

一天上数学课前，在操场附近，我替他俩简单介绍后就闪人去上课了。下课后，我看到杰克在教室门口等着，就走出去问他感觉如何，谁料他很直接地回答：“这不是我喜欢的类型。”

好吧，第一次牵线就彻底失败了，我只好问：“那你喜欢什么样的类型呢？”

“我喜欢和你一模一样类型的。”

天呐，我以为我听错了，直愣愣地看着杰克，然而他真诚的眼神分明在告诉我，没错，姑娘，就是你听到的那样。我咽了咽口水，故作镇定。

“那你该碰钉子了，我马上要走了，打算去波士顿上学。”

杰克以为我在开玩笑，其实没有，我那时被一个最要好的同学骗光了仅有的两千美元，我感到非常失落，很想换个环境。杰克了解情况后便结束了这个话题，但依然跟我并肩走着，我们一路漫无边际地聊天，不知不觉就走到了学校附近的一个火车站商场，那里有一家老式的照相馆，进去后我看到了一条18世纪的复古裙，非常漂亮。

“这条裙子和你一样有着异域风情，你应该穿上它拍张照。”

在杰克的怂恿下，我穿上那条裙子照了张相片，定格了那一刻。揣着这张富有质感的古典照还有内心悄然滋长着的小喜悦，我又和杰克走回了学校，陪他去取车。在停车场，杰克磨蹭了好一会儿，就是不上车，深吸一口气后，他看着我。

“小波，我想告诉你，我有四个孩子，我不抽烟不喝酒，但有很多很多爱在我的心里。”

复古裙装照

他就对我说了这么一句话，就一句话，接着便钻进车里扬长而去。我站在原地，直到他的车离开我的视线，然后，不知道为什么，我的嘴角微微上扬，脑袋里冒出一个声音：不抽烟不喝酒有什么了不起的！可心里却又好像有颗小种子在探头萌芽，它挣脱土壤，触碰到了我的心弦……这个人，他的心里有很多很多爱……

转眼到了2月14日，西方的情人节，感觉忽然之间到处都是娇艳欲滴的红玫瑰，恋人们开心地相拥，亲吻，互赠礼物。我从来没过过这样的节日，看着周围的一切，觉得既新奇又好像有点儿落寞。

我独自步行在去助教阅读室的走廊上，我放弃了去波士顿的想法，还是留在了爱克隆，继续攻读教育系，还担任了助教的工作。

走廊外洋洋洒洒的雪花伴着瑟瑟寒风漫天飞舞，我无心欣赏，竖了竖衣领一头钻进了阅读室。

“嘿，小波，快告诉我们这花是谁送你的！”

我的同事捧着一个大花篮递到我眼前，其他几个同事也围拢过来，大家的眼神里都透着点儿羡慕。

“我也不知道啊……怎么会有人送我这么多花……”

我很惊讶地接过花篮，篮子里装着一大束心形的红玫瑰，周边还用各式各样的鲜花点缀着，爱心中间放了一只十分可爱的小白熊，它的胸前挂了张卡片。我轻轻取出，打开。

“请做我的爱人好吗？杰克。(To be my Valentine.Jack)”

杰克，是杰克！我从未收到过这样浪漫的礼物，我把花篮揽在怀里，感觉到自己的脸颊已然开出了两朵粉嫩桃花。我问身边一个黑人助教是不是该打电话给杰克表示感谢。

“这是当然的，小波，你应该马上打电话给他，他肯定到现在还坐立不安呢！”同事们都哄笑起来。

我立刻转身出门，一路小跑回宿舍。雪花落在我的头发上，肩膀上，好像无数个欢腾的小精灵，庆贺着我心里正在滋长的甜蜜。我有种预感，这个电话或许会改变我一生的命运……

“嗨，杰克，你的礼物我收到了……”

“真的吗？太好了！我还担心天气太糟不能准时送到呢！”

我听到了杰克的笑声，分明是兴奋中夹杂了不少的紧张。

“那……那你喜欢吗？”

“嗯，”我用手指轻轻拨弄着篮子里可爱的花儿，“杰克，我想说……”

“什么？”

我能感觉到杰克此时的心情，期待、害怕交织缠绕在一起，这头的我又何尝不是同他一样呢。

“你想说什么都可以告诉我的！”

我点了一下小白熊娇俏的鼻子，深吸一口气。

“我想说……好的！”

“好的？什么好的？”

真不知他是装傻，还是真傻。我心里嘀咕着，略微提高了音量。

“我是说，我同意了！还有你送的花篮真漂亮，谢谢。”

真是不出我自己所料，当电话接通后，我的情感就像开闸放水似的，一发不可收拾了。电话那头的杰克停顿了几秒，我能清晰地听到心跳声，天晓得这是我的还是他的，紧接着对面传来一阵欢呼声，吓了我一大跳。

“喔，天啊！感谢上帝！耶稣基督！小波……”

杰克开始胡言乱语，我猜想他肯定还手舞足蹈来着。“扑哧”一声，我竟被自己幻想的滑稽场面给逗笑了。

“嘿，朋友，你到底想说什么呀？”我清了清嗓子，故作严肃地问他。

“我想说……我想说……你美好了我的今天！真的，谢谢你。”

我不知道他是否也是故意严肃地回答我，但他的目的达到了，我的心完完全全被震慑住。他用一句比玫瑰还浪漫的话美好了这一刻，我已情不自禁为此倾倒。

挂了电话后，杰克坚持不能浪费属于我们俩的第一个情人节，他驱车一个多小时赶来请我吃饭。我们去了一家中餐馆，杰克不知是紧张还是兴奋，竟点了好多种饮料，桌子上都快放不下了。我嘲笑他好像从没接触过女人似的，他却一脸认真地又开始向我介绍起自己的情况。

“我有一个面包店，上次你去过了。”

“嗯，家庭式的。”

“我还有孩子，上次也说过了。”

“嗯，四个，你为人类做出了不少贡献。”

“那你还有什么想了解的吗？你可以随便问，我都会坦白地告诉你。”

结果一顿饭吃下来，我什么都没问，财产、福利，房子是租的还是买的……全给忘了。杰克是个有趣又真诚的男人，我们有聊不完的话题，他总是让我笑得前俯后仰，就差把米饭喷出来了，谁还记得“调查户口”这种事。我还告诉杰克：“美国是个充满机会的地方，只要我们努力勤奋，就一定会成功的。”

情人节后，我们彻底地陷入热恋之中，简直有种义无反顾的气势。我的身体

约会

迷恋上了杰克温暖的拥抱，我的心可以被他的笑容瞬间融化。

杰克一有时间就会开车来学校看我，每次都是一手托着好几个超大的披萨盒，一手拎着各式蔬菜和乳酪做的面包，昂首挺胸，大步流星走到我的寝室，把东西全体塞给我。我哪里吃得了那么多，冰箱里也都塞满了，只好不停地分给同学和同事们。之后杰克会驾车载我去兜风，有一次他的车里充斥着一股刺鼻的柠檬香水味，害我打了一路的喷嚏，他无辜地表示每次来我这儿之前都会把车子里里外外打扫干净，今天他忽然想到女人都喜欢闻香水味，就美滋滋地往车里喷了一整瓶……

常常，我会同杰克一起漫无目的地闲逛，他总是紧紧搂住我的腰，把力量传递给我，使我感到自信。我微微侧头，倚靠在他的胸膛，感觉到在这个白种人的世界里，我不再是孤单一人。

爱是我的信仰

家

美妙的日子总是过得飞快，感觉才没多久花若云霞便替代了白雪茫茫，我心想着杰克来看我那么多次了，而我一次也没去过他那儿，于是决定在这个怡然舒适的五月去看看他和他的家。我就提了一个小手包，还是搭熊猫的车去了青年镇。

还没到目的地呢，透过车窗我竟远远看见有一幢房子的大玻璃窗上用白色油漆刷着——“我爱小波！”天啊！我的心里瞬时淌过一阵暖流，那一定就是杰克的家！

杰克家门口

“哇哦，他可真够招摇的！”

熊猫也看到了杰克“爱的宣言”，我想一英里以外的人都能看到吧，呵呵。

原来杰克的家离面包店只有几步之遥，外观也几乎一模一样，都是很老的房子了。踏上黑漆漆的台阶，杰克已经站在门口等着迎接我，他拉着我的手进了屋子，我这才发现屋子里的门上也都贴着用纸剪成的“我爱黄小波”。

“我爱黄小波”

“小波，今天开始，这里就是你的家，家里的一切都是你的。”

他指着桌子，又指指沙发。

“这些家具，你喜欢的就留下，不喜欢的就扔了，随便你想干什么，都可以。”

说完又拉着我进了厨房，他打开冰箱，里面竟然空无一物，我有点儿奇怪地看着他。

“等一下我们就去超市，把你喜欢的东西统统买回来，我们把这个冰箱塞得满满的，然后开始崭新的生活！”

杰克转向我，轻轻按住我的双肩，注视着我的眼睛。

“我就是想告诉你，这里是你的家，不知道你喜欢吗……”

一串眼泪冲出眼眶，顺着脸颊无声地滑落，我没有擦拭，因为这是感动的泪。我盼望多年的家，在我梦里无数次出现的家，就这样忽然之间，明晃晃地展现在我眼前，我喜欢吗？我怎么可能不喜欢？！我真想把这一切整个儿拥入怀中，一点一滴都不许溜走。我让自己深深地埋在杰克宽厚的胸膛里。从那一刻起，我便决心与他厮守一生。事实上，我也再没回过宿舍。

第一次做饭给杰克吃

第二天，杰克的老爸把洗好的衣服送到他的卧室，杰克去面包房干活了，我还躺在床上，听到老人家的声音后，我便问候了句“早安”，没想到杰克老爸听到房内突然传来女人的声音，竟吓得“落荒而逃”了。晚上我把这事告诉了杰克，我们俩都捧腹大笑，然后手牵着手，进入了甜甜的梦乡。

刚开始我很害怕晚上起来上厕所，洗手间在楼上，要知道杰克家的房子已经有一百多年的历史了，加上他从没锁门的习惯，杰克知道我的困扰后就让我每次起来都叫醒他，说他会陪我去，我便照做了，对此杰克没有丝毫的埋怨，还常常背着我上楼，然后乖乖地坐在楼梯上，等我方便好再抱我回卧室。

我们每天都在谈论结婚的事情，虽然在一起六个月都不到，但我和杰克都万分确定，万分迫切地想要结为夫妻，杰克更像只小蜜蜂似的勤劳，一天到晚向我求婚。

“红玫瑰是红的,紫罗兰是紫的。如果说我不爱你,那红玫瑰就不再红艳,紫罗兰就不是紫色。那么你的玫瑰红了吗？你的紫罗兰开了吗？能否给我一次机会，让我爱你一生一世。”

他总是单膝跪地，深情地望着我的眼睛，对我背诵这些句子，我不知道这究竟是诗还是歌词，只觉得它们好美，就像雨后的彩虹，水红、米黄、浅蓝、深赭……缀在纯净的天空中。

我们像中国的糯米饭一样黏着彼此，分分秒秒都无法分开，于是我自告奋勇提出去面包房帮忙，从此便将自己的生活转变成为了意大利式。

开始杰克让我接外卖电话，虽然我的英语没有太大问题，但对面包品种之类的问题我实在一窍不通，我告诉杰克我有点儿紧张，他马上大声地鼓励我。

“千万别紧张！小波，你比谁都聪明，这点小事绝不可能难倒你，放手去干！”

“好吧！”我冲着他俏皮地微笑。

从那时起，杰克就没停止过对我大声的鼓励，这让我在异国他乡的孤独感一点点消失殆尽，自信心却越发强大起来。

外卖电话清闲时，我们总是忍不住跑回家去做爱，来买面包的人只好拿了面包把钱留在柜台上。等我们回来看到柜台上的钱，就会忍不住相视大笑。我笑杰克这个家伙实在是太可爱了！想起第一次见他时我在心里叫他大叔，可现在我却

杰克带我出游

觉得他就是个孩子，每天都能想出各种新鲜好玩的主意，变着花样地使我快乐，我都快忘了烦恼的滋味了。

很快我又跟着杰克老爸学做面包、肉丸，还有一种专供给学校的小型披萨饼。有次我们赶着做一批供应给庙会的面包，我和杰克在发酵房里等了整整一个晚上。我觉得这样效率太低了，就建议以后应该去厂家购买现成的胚子来做，杰克和他爸爸都十分赞同我的想法。

父子俩也非常地信任我，没多久就让我负责起了经营，我成了"杰克面包屋"正宗的老板娘，每天围着各式披萨和腊肠面包打转，还有经常跑来我们店里打弹珠的隔壁邻居家的孩子们。即使晚上躺在床上我还会考虑机器如何摆放才更合理，想到后就马上拉着杰克跑回面包房调整，那些机器都重得要命，我们俩得使上吃奶的劲才能抬起来换位置。

左二：乔安娜；右一：泰瑞、右三：琪琪

我还在柜台旁放了个玻璃柜，卖扇子、枕头套、工艺品之类的小东西，都是我从中国带来的，那时也顾不上珍藏这些家乡的物品，我需要卖掉它们换现金，然后再去支付银行的贷款，因为杰克的经济状况并不乐观。

每一天都过得忙碌又辛苦，但我的心里却感到无比充实，这就是爱的力量吧，我想一定是这样的。

除了忙活面包房的工作，我还开始融入杰克的大家庭。他有两个姐姐，乔安娜（Joann）、琪琪(Gigi)，还有一个妹妹泰瑞（Terri），都已组建了自己的家庭。整个家族秉承了意大利式的热情，第一次见我时便对我张开了温暖的双臂，待我十分友善，然而对于我和杰克的婚姻，他们却并不怎么看好。我曾听到泰瑞提醒杰克，有一对与我们情况相似的夫妻，年龄相差很多，结婚没几年就离了，加上我俩南辕北辙的文化背景，真该好好考虑清楚才对。

杰克“大叔”在给我缝睡衣

这些客观事实的确是横在我与杰克之间的问题，包括我一直渴望成为一个好母亲，到美国之后也选择攻读教育系的硕士生，然而杰克已有四个孩子，他早就结扎了。杰克看出我的纠结，他告诉我：“只要我们在一起，没什么事是办不到的，就算要我上月球，要我步行去中国，我也一定会实现你的愿望。”

在一起的四个月里，杰克常常站在窗前为他的过去忏悔，他告诉上帝：“这不是我，我遇到了小波，我必须改变。”他还请求上帝帮助他，使他能成为一个好丈夫。

我总会看着他虔诚的侧影出神，体内升腾起一种从未有过的圣洁感。只要一想到这些，想到杰克坚定的眼神，发自内心的笑容，还有他那蕴藏力量的拥抱，我就着迷了，顾不了那么多了。

每天晚上，虽然已经累得筋疲力尽，但我和杰克依然有说不完的话。我们躺在床上，他总是牵着我的手，他会问我对这个家还有什么不满意的。

我设计的黄色外墙

“你有任何想改变的地方都可以大胆去做。”

他这样告诉我，而我就真这么做了。我一直觉得我们家的房子看上去灰蒙蒙的很没精神，于是突发奇想，决定把外墙全部漆成醒目的亮黄色，杰克听了立马找来工人，一刻也不耽误。那可是在最为炎热的7月，工人们头顶着热辣辣的太阳，趴在发烫的屋顶上，忙活了几天才完成。

杰克看着黄灿灿的屋子，一手勾着我的肩，一手叉腰，得意得不得了，简直笑成了一朵花。我看他的反应，还以为自己做了一件很棒的事，让屋子焕然一新，可事后才知道，原来美国人都喜欢很淡的颜色，没有人会把自己的屋子涂成醒目的黄色，我干的这事儿其实被好多人在背地里笑话了。我感到很懊恼，可杰克却依然坚持说我选的颜色是最嗲的，他非常喜欢，还叫我千万不要在意别人的眼光。

离我拎着小包来杰克家已经过去两个月了，我才想起该去宿舍收拾下东西，我把钥匙交给杰克，让他帮我处理。杰克笑称我的室友一定觉得我人间蒸发了。

每周末杰克都要去教堂，我并没有和他一样的信仰，但他还是很喜欢带着我去做礼拜。

“你就像一件艺术品，带你出去我觉得非常骄傲。”

他总是用最高级别的词句来赞美我。可不久，教堂的负责人就告知他，委员会的职务不能再让他担任，理由是他与我还没有结婚就住在了一起，杰克二话不说便同意了。我本就不太了解教堂的事务，看到杰克笑嘻嘻的样子就更没当回事，还很高兴地与那负责人聊天。直到很多年后我才知道这个职务的意义。

“没什么会比你更重要。”

我就知道杰克会这样回答我。有爱多好，让人突然之间就拥有了一切关于美好的体验。我们是相爱了，不是在谈生意，拿出天平来衡量利弊本身就是对爱情的亵渎，如果我们那样做了，总有一天，爱也会背叛我们。

所以我揣着百分百的决心打电话回国，告诉妈妈我要和杰克结婚了，她非常惊讶和疑惑，不断问我：“这个杰克是哪里冒出来的？”我说：“杰克是一个好人，我已经答应同他结婚了。记得爸爸跟我说过，一定要找个开开心心的人过日子，杰克就是这样的人。”

电话那头沉默了一会儿，然后传来妈妈冷静的声音：“好吧，我相信你的判断。”

这句话我一直记到现在。

异国婚礼

我和杰克都选择相信爱情，不需要什么理由。

1987年8月21日，我们在法庭领取了结婚证，共同庄严地宣誓，至此无论顺境还是逆境，富有还是贫穷，健康还是疾病，我们都会彼此相爱，彼此照顾，忠贞不渝直至生命的尽头。

婚礼定在一个月后，由杰克的家人们帮着筹备。琪琪在二手店为我淘来了一件蕾丝婚纱，那晚，我在卧室穿戴好，缓缓走进客厅，走到杰克面前，他站在壁炉旁，深情的眼眸早将我牢牢锁住，他凝视着我，仿佛欣赏一件绝世佳作般专注。壁炉里燃着木炭，大小火苗尽情地跳跃，散出一轮暖光，衬得杰克深邃的眼睛更加迷人，我从那里看到了一袭白纱的自己。

婚礼请帖

“你将是我最美丽的新娘，我能牵你的手吗？”

杰克忽然单膝跪地，伸出了右手。我一定是掉在蜜糖做的梦境里了，连空气都是甜甜的，我不知如何表达我的幸福和喜悦，只好把自己的两只手都交给了杰克，冲他娇羞地笑着。

“这可不行，上帝只允许我把戒指戴在你的左手。”

杰克牵起我的左手，从裤袋里掏出一枚戒指，小心翼翼地套在了我的无名指上。

“因为这里是和心脏相连的。”

这枚99元的婚戒就在我完全没有反应过来的情况下与我合而为一了，并成为了我之后人生中最为珍贵的物品。

9月26日，我人生的时钟终于走到了这最神圣、最闪耀的时刻。就在我准备迎接这一天时，杰克便给了我一个惊喜。

“我最美丽的新娘，起床咯，我已经迫不及待要带你出去亮瞎所有人的眼睛了！”

我的杰克又在乱开玩笑了，让我又能开心地睁开眼睛，迎接这美妙至极的一天。

“天呐！这是什么情况？！”

出现在我眼前的杰克完全变了个人似的，他把胡子全刮了，这不算，竟还把头发给染黑了！虽然我的眼睛一下子习惯不了，但不得不承认，杰克精神抖擞的模样看上去起码年轻了十岁！活脱脱一个清爽阳光的小伙子。他真是给了我一个巨大的惊喜，我太意外了，都怕自己的嘴巴张太大会合不上！

杰克摸摸下巴，眼睛又弯成两轮好看的娥眉月。

“今天开始，我可是你名正言顺的老公，才不是什么叔叔，从你的反应看来，你已经完全认可了这点。”

“一点不错，你看上去真精神，而且好年轻啊，太谢谢你了，我的宝贝！”

“你的喜欢就是我的目标！”

杰克冲我调皮地眨了下眼，还敬了个礼，看着彼此的模样，我们俩又笑场了，肆无忌惮地露出各自粉色的牙床。

起床洗漱完毕，再次穿上我的蕾丝婚纱。虽是同一件衣服，但在不同的日子里穿，连我自己都感觉很不一样。镜子中，一袭纯白的长裙宛如月光般温柔地包裹住我娇小的身体，裙上布满了精致的蕾丝，拖尾垂坠在地，好像绽放的花儿一般铺展开。微卷的乌黑长发散在肩上，衬得脖颈上的珍珠项链更加洁白温润。杰克站在我的身后，穿一身白色燕尾服，领口和衣摆处由黑边修饰着，脚上是一双擦得发亮的白皮鞋，显得英俊挺拔。我看着我的白马王子，他也正看着我，已然移不开眼目。

杰克的好几个家人都过来帮忙，琪琪以前是专业的美发师，所以她义不容辞地担任起我的化妆师兼伴娘。她还特意穿了一身嫩粉色的绸质唐装，在耳际别上了几朵同色系的鲜花，看上去真有点儿中国韵味，这份精心为我营造的熟悉感让我觉得感动又温暖。因为经济拮据，杰克无法邀请我远在上海的亲人来参加婚礼，但他请他的叔叔安迪（Andi）把这一天都录下来，等有机会时就能同我的家人们分享。

每个人都冲着镜头微笑，用不标准的中文向我的家人问好，琪琪紧紧握着我的手说："我是小波的姐姐，我非常爱她！"

当琪琪为我盘头时，我想起了我那可爱的姐姐小琳，她是个非常爱美的可人儿。

"现在让小琳看看，琪琪是怎么帮我弄头发的。"

"喔，小琳，你的妹妹是想让你嫉妒她呢。"

琪琪的玩笑把大家都逗乐了。她用心地替我梳妆打扮好，最后，将一个飘着几根丝带的白色花环轻轻放到我的盘发上。

"你看上去美极了！"

镜头外传来了杰克的赞美声。我站起身来，每个人都发出"哇喔"的惊叹。

"杰克，快过来！"

我将杰克拉入镜头，兴奋地拍着他宽阔的胸膛。

“你们好！我的家庭新成员们！多希望你们能在这里同我和小波一起庆祝这重要的一天，我相信在不远的将来，一定会有那么一天的！”

接着杰克开始用混杂着上海话味道的中文向每个人问好：“你好爸爸，黄彬琳。妈妈，欧阳翠。小琳、运运、川川（这两个名字他念得最为滑稽，好像嘴里含了很多颗橄榄似的，舌头都不知该往哪儿放）、梦璞、周天姐夫……”听着他蹩脚的中文，再看看他自信的表情，真的是太好玩、太搞笑了。

安迪扛着摄像机，跟我们来到布置一新的卧室。床上铺着妈妈送我的传统被单，是粉色缎面的，非常温馨。杰克故作严肃地冲着镜头对妈妈说：“为了你的女儿，我特意把厕所也搬到了卧室里。”

我一边大笑，一边只好承认害怕半夜一个人到楼上去如厕。

“可以把厕所拍下来吗？我想让家人看看杰克为我新买的大镜子，还有琪琪帮我贴的墙纸……这个是我的小台灯，那边那个是杰克的。这幅画是乔安娜给我们的，还有这些，是琪琪送的。这个小熊，是杰克送我的情人节礼物……”

我一会儿指着这个，一会儿指着那个，兴奋地冲着镜头一一介绍着，安迪叔叔一定无法理解我的行为，但我实在太想把家中的一切都展现给我的亲人们看，特别是杰克和他家人为我做的。

“宝贝，你真的太美了！”杰克一直在我耳边念叨，“我真的非常非常爱你！”

我扑到杰克的怀中撒娇，我叫他“春卷”，琪琪听了立刻在一旁叫唤：“小波管我的弟弟叫‘意大利春卷’，你们知道为什么吗？”又引得大家一阵笑。

辗转到客卧，我坐在床垫上继续对镜头说着，杰克则跪在地上小心翼翼地帮我穿婚鞋。房内放着英文流行曲，我不会唱，就跟着乱哼起来。快乐的心情就好像很多只活蹦乱跳的小兔子，在我的体内蹿来蹿去，我压根管不住它们。

喷泉边

之后我们一行人去了青年城的国家公园Millcreek Park。我一手握着白色捧花，一手挽着杰克的胳膊，站在喷泉前，琪琪拖着我的长裙摆，泰瑞（Terri）的丈夫瑞夫（Ralph）负责帮我们拍婚纱照。

放眼望去，公园里到处都是清新的绿色，配以五彩缤纷的花朵点缀，每一次的呼吸里都满含着宜人的草香和花香。蝴蝶就在我们身边飞舞，鸟儿停在枝头上轻声叫唤，好像都在祝我们幸福似的。

“这里是个美丽的大花园，还有个非常漂亮的湖，所有的新人都会来这儿拍照。”杰克说完再由我翻译。

接下来的时间里，我和杰克像别的新人一样，摆出各种姿势，或站在桥上，或坐在长条木椅上供大家拍照。我曾告诉过琪琪在中国的婚礼上到处都是红色，

我们的结婚照

“我要抱着小波游遍整个美国”

代表喜庆吉祥，所以她特意为我们挑选了一片种满红花的草地作为背景，她说：“虽然你不在自己的故乡，但心里一定还是希望遵守传统的。”而杰克则总是紧搂住我的腰或牵着我的手，每拍完一张，都会亲吻我，将我拥入怀中。他的家人们不断惊呼“漂亮”“真美”。与琪琪合照时，杰克竟慷慨激昂地说起了意大利语，听上去滑稽得不得了，我就在旁边捣乱，跟着乱说一通，惹得姐弟俩笑弯了腰。杰克偷偷在我耳边说他太激动了，简直无法抑制，他正在试图冷静一点，我笑他真是可爱。

最后，杰克一把将我抱起，对着摄像机说：“感谢岳父岳母，养育了这么美丽的女儿并让她成为我的妻子，给了我那么多幸福和快乐！爸爸黄彬琳，谢谢你把女儿生得那么苗条，她轻盈得就像一片羽毛，我可以抱着她游遍整个美国！”

所有人都发出欢快的笑声，我也依偎在杰克怀中放肆地大笑，心里暗忖，自己肯定是中了杰克的“快乐病毒”，因为不管他对我说什么，我都开心地只想笑！

紧接着的婚宴安排在泰瑞家，杰克的家人几天前就开始忙活了，他们在汽车房里摆了好多张长桌子，都铺上了洁白的桌布，还准备了丰盛的意大利传统美食，都是满满的一大盘。

婚宴共邀请了一百人左右，清一色金发碧眼的老外，没有一个中国人，没有一个我的家人，然而那时的我真是兴奋过头了，竟完全没心思在意这事，也没有丝毫的失落感。我沉浸在自己的婚宴中，享受着热闹的气氛，大口咀嚼着肉丸子、芝士面包还有各色甜点，我觉得自己真是好幸运，可以拥有如此完美的婚礼。直到后来，杰克带我去参加别人的婚礼，我才发现人家都是包下酒店的大礼堂，席开几十桌，邀请几百号亲朋好友来吃酒水，婚礼也很考究，不是像我们去免费公园拍些照片就算完成仪式了。于是我和杰克开玩笑说，他用几张照片和几桌家宴就把我这个没见过世面的中国女孩给骗到手了。

“小波，我以后一定一定会补偿你的！”

杰克总是认真又带着歉意地告诉我。其实我是开玩笑的，这辈子，能遇到杰克，谁还会介意那些秀给别人看的形式呢？

为新生活干杯

婚宴结束后，我们回到客厅。厅里的柜子上放着我家人的照片，墙上还有我贴的大红“囍”字。为了不破坏墙纸，我把喜字贴在了白色的一次性盘子上，再用一点点双面胶把盘子贴在墙上。多年后杰克还会提及此事，大笑着“赞”我真是“创意无限”。

杰克招呼着大家，准备开香槟庆祝。我提醒他小心一点，客厅里到处都是人，别喷到他们。

“也许哪个家伙会中头彩吧，我

才不管呢。”

我和琪琪大笑。杰克把瓶口的包装纸撕了，一手拿着瓶子，一手的大拇指抵住瓶塞，作出要往上一抬打开香槟的姿势。我躲到他身后，琪琪和几个看热闹的人也转过身去，大家都等着“砰”的一记声响，结果等了半天也没出声，回过身看杰克，发现他已把开香槟的标准动作换成开饮料时的扭转式，正试图用力拧开瓶盖，这又惹得大家一阵笑。

“这玩意儿不太灵光嘛。”杰克嘀咕。

“你行不行啊？”琪琪笑着逗杰克。

拧了老半天，杰克一本正经地宣布这回他真的要开香槟了。

“我才不信你呢。”

我的话音还未落，就听见“砰”的一声，我被吓了一跳，杰克调皮地冲我眨了下右眼,然后为亲朋好友们的杯中缓缓注入冒着可爱气泡的香槟酒，所有人举杯庆祝，为我们，为这美好的一天。

紧接着是切蛋糕的仪式。杰克的大手将我的小手包裹着，忽然大声说了句：“谢谢大家！”我问他：“谢谢大家是什么意思？”他一脸迷茫地看着我，我一边笑一边用英语解释给他听，然后我们一起切下两块小小的蛋糕，喂到彼此的嘴里。

整个婚礼的最后，按照传统，我要同杰克的爸爸跳一支舞，杰克则与他妈妈跳，然后我们俩再共舞一曲。为了让我开心，杰克的家人特意选了一首中国歌曲，但等我左右轻轻摇摆起来时，才发现这帮老外放的是《后悔爱上你》。

“明知不该相信你，就不该对你痴迷……”

我一边哼着绵绵的歌词，一边回忆这一整天，感叹我的异国婚礼真是充满了笑点，想着想着，我就忍不住“扑哧”一声笑了出来。杰克爸爸以为我是因为结

“免费”蜜月

婚太开心了，还配合我咧着嘴一起笑，这举动令我觉得更逗，简直像被点了笑穴似的一个人在那儿笑个不停……

几天后，杰克说要带我去海边度蜜月，其实去的就是美国的公共海滩。沙滩很小，我和他每天躺在垫子上，晒晒太阳，说说笑话，我还穿着泳衣拍了许多照片，每一张都笑得花枝乱颤。我们住在附近的汽车旅馆，早上能准时听见牛叫。后来想想这算哪门子的蜜月，根本不花钱，但又实在是好玩滑稽得让人发笑。

我的英雄

婚后，我们在一起更努力地工作。

每天清晨五点，杰克就得起床，他会先坐在窗前朗读圣经，为每个人祈祷，差不多半小时后再赶去面包房。

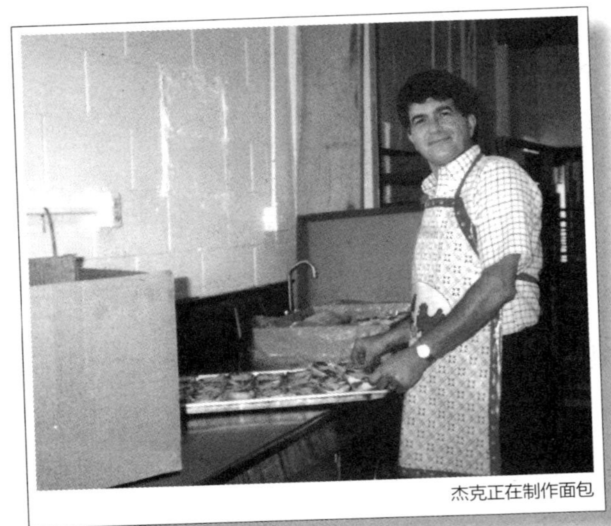
杰克正在制作面包

他要先把做面包需要的材料一样样放入和面机里，等机器和好面后再将面团搬到一个巨大的砧板上，这些面团都重得要命，放下时会发出一记沉闷的响声，震得砧板上下颤动。准备工作都做得差不多了，杰克会开车去附近的麦当劳买杯咖啡，然后一直忙活到九点左右才会回家叫醒我。

“我亲爱的公主，醒醒，我把面团都发好咯。”

他总是用最灿烂的笑容和最温柔的言语将我唤醒，然后再把我抱起来送到洗手间，每一天都是如此。有时杰克还会献上一支从门口摘下的郁金香，花瓣上附着新鲜水灵的露珠，煞是好看。这花儿都是杰克自己种的，我凑近一闻，全是幸福的味道。是的，幸福也是有味道的，你可以闻得到，尝得到，可以感觉得到，我也是遇到杰克之后才有了这个惊喜的发现。

很快地洗漱好，我就和杰克手牵着手去面包房了，然后系上围裙，一头扎进面粉和芝士堆里。我们一起将面团推进发酵机里，等发酵完再分门别类地制作，最后一盘盘放入烤箱。

杰克做面包时总喜欢戴着他那顶用意大利国旗叠成的红白绿三色帽子，一边自吹自擂说他正在做世界上最好吃的面包，一边将面团高高抛起，就像印度人做飞饼那样，然后接住再重重地甩到砧板上。不过他常失手，面团会直接摔到砧板上从圆形变成扁扁的一摊。

杰克的爸爸妈妈在一旁往披萨饼皮上涂意大利番茄酱，他妈妈总是斜着头用余光看杰克耍宝，忍不住地偷笑。整个场面非常生动滑稽，我就像在看一出喜剧似的，快乐地笑着。

除了传统的面包，杰克还常常发明新品种教我做。有次我正在做他新想出来的辣椒起司面包，我将面团压扁，抹上一点儿油，再用滚刀将面饼切成条状放进盒子里。我做得很认真，可杰克忽然一蹦一跳来到我身边，像个体育赛事的解说员那样，慷慨激昂地介绍起来。

“嘿，朋友们，这位是我美丽的妻子小波，她可是世界顶级的厨师哟！现在，她正在制作一种好吃到爆的面包，大家看她，真是太可爱了是不是？！”

我一边大笑，一边用手肘推他，“杰克，别闹了，你赶快去做面包啦！”

杰克不理我，对着我身后的镜子开始摆弄起他那顶滑稽的帽子，然后又挥舞着两只手背起了顺口溜。

“我们这儿啥都有，辣椒面包，甜椒面包，洋葱面包，还有芝士面包……喔

我在做意大利面包

“还剩三个没卖掉，怎么办呀？”

耶！（hot pepper bread,sweet pepper bread,onion bread and broccoli cheese bread）”

他嬉皮笑脸地逗我，但当爸爸叫他时，他的表情又忽然变得很严肃。

“小波，我要去工作了，那里非常需要我。”

我于是也故作严肃地回答他：“好的，请你快去吧。”

把做好的面团送进烤箱后，我和杰克手拉手坐着，一直等到面包出炉，他会大声地唱“披萨之歌”给我听，这是唯一一首他唱得还比较准的歌。

我们就是这样每天辛勤地劳动着，放肆地欢笑着，在一个个面团里塞满香喷喷的腊肠、芝士还有我们的爱。

每周日是我们难得可以忙里偷闲的一天。杰克带我去教堂做完礼拜后会去他妈妈或姐姐家吃饭，他们总会做许多美食，有意大利面，有大葱面包，还有羊肉丸子汤等等。一进屋子，杰克就会大声地说：“真不好意思！我们迟到了。”

吃完饭，杰克还会把剩下的菜全部打包带走。所以我一直以为我们是被邀请前去的，我总是一边大快朵颐，一边很开心地与琪琪他们聊着天。直到很久以后，我才知道根本没人邀请我们，都是杰克自告奋勇闯到人家饭桌上，还连吃带拿的。其实他们家人之间关系非常好，天天去蹭饭也没关系，可杰克就是喜欢这么变着花样地搞笑。

回到家，如果不去面包房，我会抽空睡个短暂的午觉。有几次，琪琪在这时候打电话来，杰克怕吵醒我就赶紧接起说：“姐姐，我和小波正在做爱，请不要影响我们，你等会儿再打过来吧。”说完就把电话挂了。其实我都听到了，我怕笑出声来，只好用被子捂住嘴。

杰克的儿子卢克（Luke）每周末也会来看我们。进入青春期后，他只要一和他的妈妈吵架就会跑来我们这儿，每次都对天发誓再也不会回去了，但住了没几天，他妈妈打电话来哄他几句，他就乖乖回家去了。我觉得卢克和杰克真像，都是那么可爱！

还记得我第一次见到他的时候，他才6岁。杰克为我们做介绍，小卢克害羞地躲在爸爸身后，就探出一个小脑袋。杰克告诉他我叫小波，大概是发不清楚这两个字的音，他想了想，轻声细语地问："我可以叫你'香波'（'shampoo'，意为'洗发水'）吗？"我和杰克都一下子被他逗乐了，我摸了摸他的小脑袋，告诉他"想叫什么都行"。

卢克长大后当了空军

然而再快乐的日子里还是会掺杂着一些让人心烦头疼的问题，而当问题到达让人焦虑的程度，当你不得不面对时，快乐就会被痛苦所影响甚至替代。对于我和杰克而言，这个难题便是：生孩子。

杰克一直告诉我，这世上没有一件事是做不到的，因为上帝与我们同在，他爱我们，乐意看见我们幸福、成功。起初我还有点儿将信将疑，但看见杰克信誓旦旦的模样，我也就渐渐相信了。杰克还同我说过，为了达成我做母亲的愿望，要他怎样都可以，所以婚后没多久，我们也顾不上经济拮据的窘境，就去银行贷了款，然后杰克带着我去了爱克隆医院，我们的一对好友夫妇也跟着一起去了，他们也是盼孩子盼了很多年。

我和杰克尝试了两次人工受精，这真是一段痛苦又漫长的过程，但我们俩都十分坚定，没有退缩，一门心思地积极配合医生，只因心中满怀着的那个期望。

可结果却还是叫人失望了，我们失败而归，后来又得知同行的那对夫妇成功了，妻子顺利受精，怀上了孩子。

我因此受了不小的打击，开始彻夜难眠。每晚，随着夜幕降临，一股巨大的失落感也同时将我深深笼罩住。我是不是永远都不会有自己的孩子了？我这一生成为不了一个母亲了吗？类似的问题不停歇地扰乱我的睡眠，一次次刺痛着我的神经，心理的疲惫竟完全掩盖了身体的乏累。本来我与杰克手拉着手，一沾上枕头就会沉沉睡去，根本不知道黑夜究竟是个什么样，可现在，我却成了阴沉夜色最忠实的欣赏者，尝到了万籁俱寂的滋味。杰克也一样，总是睡睡醒醒，他明白我的心事，他又何尝不想要一个属于我们的孩子。我听到杰克在早上朗读圣经时念道："我躺卧的时候便说'我何时起来，黑夜就过去呢？'我尽是翻来覆去，直到天亮。"

他一定是在狠狠责备着自己的无能为力。

然而这个问题一天不解决，焦灼的状态就一天不会消散。我越来越着急，每一天都更确定我必须有个孩子的心思，可如果再拖个几年，我都三十好几了，怀孕就更困难。

杰克经常会对我说："你的愿望就是对我的命令。"但我从来只当这是句甜蜜的情话，可到了这会儿，或许是真被逼到无可奈何了吧，我也不知道我是怎么了，为了生孩子的愿望我竟向杰克提出了一个不可思议的想法——找一个我们都认识的朋友，让他当着杰克的面给我授精。当我鼓足勇气咬着牙将这句话吐出口时，我看到杰克的眼里开始汇集泪水，接着便是一段从未有过的长长的沉默，我仿佛能听见自己的心跳声，"噗咚，噗咚，噗咚……"一记比一记沉闷，敲得我胸前的骨头生疼。最后，杰克回答我说"可以"，他的表情是那样认真、严肃，让我永生都难以忘记。

无论我要做什么，杰克都会同意，我一直都知道，他对我不设极限的包容使我们与一个共同的朋友走进了Perkin's饭店，开了一个我们三人都终生难忘的会议……

之后的几天是我与杰克的记忆禁区。杰克选择遗忘，我十分理解，亦万分感激。但对我而言，杰克是我的英雄，这世界上再也不会有一个男人愿意为我这样牺牲，他给我的爱足以铭心，足以刻骨，我怎么能忘？我也忘不了！忘不了我在受精时杰克站在旁边又像老鹰般犀利、又像流浪猫般哀怨痛苦的眼神，忘不了事后他把自己关在房里大叫"上帝"，那近乎歇斯底里的咆哮声让我的心都开始滴血，更忘不了我在门外大喊"对不起，杰克，真的非常对不起！"

我瘫倒在地，感觉身旁好像有一只隐形的魔鬼，正肆无忌惮地吸食着我的快乐，我的手脚冰凉，我的心空空荡荡。那一刻，我明白了什么叫无力。

仿佛旦夕之间，我和杰克成了两具没有灵魂的躯壳。或许是老天爷对我的惩罚吧，我同那个朋友交合了三次却依然没能怀孕。对此，我万分绝望，但在这绝望之中又掺杂了些庆幸，就好像看到了自己想要的结果时会长舒一口气般的轻松感。或许是老天爷不允许吧，我的心里就是这样五味杂陈，混乱得很。

已经跨入了新的一年，可我们依然没有孩子，我该怎么办？放弃吗？让我就这么放弃梦想，放弃一个女人对做妈妈的渴望，我真的不甘心，可我们已经走投无路了，剩下的唯一办法就是让杰克重新打开输精管。

我太爱孩子，而杰克太爱我，所以他又一次答应了我无理的请求，并且是毫不犹豫。但我们必须瞒着杰克的家人行事，不然他们一定会阻拦，于是我和杰克谁也没知会就偷偷去了医院。

打开输精管的手术需要四个小时，医生说："整个过程是痛苦的，也存在一定的危险性。"我犹豫了，打起了退堂鼓，但杰克为了我真的是上刀山下火海都愿意，都不怕，他坚持做这个手术，还反过来安慰我，说他不怕痛，叫我不要担心，“只是个小手术，做的人很多的。”

谁想到那么巧，杰克的一个邻居路过病房看到了他，那人好心去询问杰克家人表示关心，结果却使他们家炸开了锅。所有亲朋好友都打电话来骂杰克，说他是疯了，已经有四个孩子，经济状况又不好，为什么要去做这种手术，他们难以想象也没法理解杰克为何要为我冒这个险。面对所有的责问和好言相劝，杰克都只回答一句：“小波以前没结过婚，她需要一个孩子。”

所有的流言蜚语都被杰克挡了回去，亲友们也拿他没办法，手术照常进行。可于我，心里却是翻江倒海般地难受，我真的不知道该如何回报我唯一的英雄，我的杰克。

手术的四个小时是无法想象的漫长与煎熬，我守在手术室外坐立难安，寸步都不敢离，一颗心提到嗓子眼，眼睛则一刻不停地观望着动静。我感到空气整个儿凝固了，只听得见手表的滴答声，好像比平时慢了许多，真恨不得把时针分针秒针统统都往前拨一拨。

好在上帝保佑，手术很顺利。医生让我们透过显微镜看杰克的精子，它们竟像小蝌蚪似的在游来游去，充满了生命力，连医生都不禁赞叹：“一般45岁男人的精子不会有如此的活力，所以手术是相当成功的。”

听了这番话，我和杰克比中了一百万奖金还要高兴！就好像我已经成功受孕了似的，杰克得意地搂着我的腰，我们一起昂首挺胸地回家，准备迎接新生命的到来。

可谁能料到，杰克充满活力的精子依然没能迅速冲破层层阻碍，寻找到我的卵子并与其融为一体。

“真是见鬼了，以前我只要看女孩子一眼，她们就会怀孕，这次我真的想和你生个孩子，怎么就这么难呢？！”

听到杰克的抱怨，我也是一样的疑惑和郁闷，但更多的是对他的心疼，我开始慢慢调整自己的心态，杰克已经为我遭受了这么大的罪，我不能再陷在生孩子的执着里无法自拔，那样就太自私了。我深爱杰克，我也必须得为他做出牺牲。经历了这一切后，杰克不再仅仅是我的丈夫，他还是我的父亲、兄弟，我最好的朋友，我的宝贝，我的英雄！我又一次在心里许下山盟海誓，这辈子我不管你杰克是富是贫，是任何样子，我都坚决要同你厮守到老，哪怕再有名再有钱的男人来“勾引”我，我都一律实行“关门政策”。

好女婿

生活就像个大轮子，不停地在朝前滚动，我们也不愿在某一处伤心地逗留太久，便踩着轮子向前进，朝前看，渐渐地也就恢复了往昔的平静和快乐。

我和杰克照旧每天埋头在面包房里辛苦地劳动，一赚到现金就马上存银行，有时一天要跑好几趟，不然就要开空头支票了。

复活节前夕，我们要制作许多传统面包拿去卖，这是一种主要用面粉、鸡蛋、葡萄干和黄色的可食用颜料做成的面包。由于人手实在不够，琪琪也被拉来帮忙，可杰克却忙晕了，竟忘了放发酵粉，我们等了整整一个晚上才发现面包根本蓬不起来，只好全部扔掉重做。

几个人一阵手忙脚乱，终于在天亮前把面团做好送进了发酵机里。我们继续坐在一旁等，结果因为太累，大家都睡沉了，等我醒来着急慌忙打开发酵机一看，所有面团又都发过了头，一个个大得吓死人，我感觉好像到处都是巨型面包，快把我给压扁了，真是又好气又好笑。

发过头的巨型面包

初夏，一个在美读工科的女学生来投靠我。因为我曾在上海分析仪器厂技校做过政治老师，还当过班主任，所以常常有初来美国的学生或朋友找我帮忙，暂住在我家。这个女生主动提出要在面包店打下手，我们同意了，但她表示还想多赚点钱，于是杰克又托朋友把她介绍到不远的“白宫农场”去摘草莓。杰克每天都得开车接送她，天气一天比一天热起来，我怕小姑娘农作时被太阳给晒坏了，就特意去买了顶大草帽送她。

住了一段时间后，她准备离开了，临走时抱着我依依不舍，哭着感谢我们，还说一定要在美国找个像杰克一样好的老公。

紧接着7月，一对由我撮合的好友夫妇陈建华和Walt又来美国探望我们，我笑言我们家真是门庭若市，人气旺得很。接机前，我和杰克特意去选购了一大束鲜嫩的花朵，事后建华告诉我，当天在机场看到英俊高大的杰克拥着手捧鲜花的我，一脸笑意地迎接他和Walt时，一股暖流顿时就涌上了他的心头，“特别是杰克，他热情的拥抱，关切的询问一下子就安抚了我们疲惫的心情，拉近了我们的距离。”

几天后恰逢美国的国庆节，我和杰克邀请建华夫妇还有好几个中国朋友来我们家一起庆祝，顺便还能看到大游行。那天杰克一直忙里忙外，把面包店里的桌子椅子都搬到路旁让建华他们坐着，舒舒服服地观赏大游行，没想到碰巧遇上了前来采访的电视台记者，我们几个中国朋友的聚会就这样成了当天晚间的一条新闻。

后来送建华夫妇离开青年镇时，他俩不断地感谢我们，还一直唤杰克“是一个可亲可敬的洋大哥”！

杰克确实是个好人，是个令年轻人喜爱尊敬的好大哥，他好到我不得不视之如珍宝。他总是敞开家门欢迎我的学生们，其实有些人是别人介绍来的，我都不怎么认识，而且我们的经济条件不好，其实没有闲钱去帮助别人，但杰克从不会考虑个人的得失，照旧热情地招待每个人，张开双臂拥抱每个人，与他们谈天说地，还经常帮这些初来乍到的人解决问题和困难。杰克无条件地支持他们，待他们有如家人一般。学生们亲切地唤他“洋大哥”，住到后来都“赖”着不肯走，几乎每个人都会说“杰克真是个好男人”，“杰克是模范丈夫”，“杰克和小波那么快乐和谐的婚姻是我们从未见过的……”可杰克自己却总谦虚地摆手说：“我做得其实一般般。”

女学生们嚷嚷着要嫁给杰克这样的男人，男学生们则将他视为偶像、榜样，

等待观赏国庆游行

我和杰克开玩笑："那些姑娘们的愿望是美好的，可惜你是个绝版人物，而且已经被我得手了。"

送走建华夫妇后不久，我和杰克又迎来了我的父母。其实我早就想接爸爸妈妈来美国了，因为在我的记忆里他们俩总是吵架，爸爸脾气不好，同妈妈经常闹得不可开交，在我幼小的心灵里留下了阴影，我想也许他们到了美国，有我的照顾，有杰克的"快乐哲学"陪伴，再感受到整个家的和谐气氛，就不会再吵了。但因为经济拮据，这件事一直拖着，直到两年后，我才好不容易东拼西凑到两张机票的钱。

愿望成真了，这可是我来美后第一次见到父母，也是我的父母第一次见到杰克和我们的家，想到这些我就兴奋得睡不着觉，杰克也和我一样，我们俩总是躺在床上商量着应该怎么接待他们。杰克总会故意出些好玩的馊主意，我幻想着我那传统的中国父母要是听到了他的这些点子会是怎么样的反应，八成是又皱眉叹气又频频摇头吧，真是搞笑，我只好拍一记杰克的手，叫他认真点。

接机前，我在一张大大的纸上用中文写了"欢迎爸爸妈妈"，到了机场，杰克激动得不得了，伸直手臂把纸举得老高，我笑他是故意"刁难"岳父岳母，他个子本来就有一米八几，再这么一举，我爸妈不得拼命仰头才能看到？

欢迎爸爸妈妈

终于在出关口接到了父母，杰克真是比我还起劲，抢在前头又是拿行李又拥抱亲吻的，还用蹩脚的中文一个劲儿地叫"爸爸妈妈"，我估计爸妈快要被这意大利式的热情搞得没方向了。

到家安顿好之后，妈妈悄悄同说我，她对杰克的第一印象还不错，虽然年纪有点大，但是长得挺英俊，人也高，到底以前做过运动员，还当过兵，而且很热情，又抱又亲的。不过她发现我们家没有一件家具是新的，实在不像刚结婚的样子，所以对于杰克的经济情况感到有点儿担心。我告诉妈妈，杰克非常勤劳，也很爱我，所以经济绝不会成为我与他之间的问题。

之后爸爸妈妈和杰克的相处，按理说，我是应该有所担心，毕竟我父母是正宗的中国人，年纪又大了，而杰克是土生土长的美国人，文化和生活习惯上的巨大差异免不了会让他们产生一些摩擦或误解，可我也不知道自己是怎么了，竟没有一丝的担忧，更没有刻意准备什么，我只是笃定地相信，杰克会像当初对我张开双臂、敞开家门一样去拥抱接纳我的家人。

事实也确实如此。

杰克每天一见到我父母就“爸爸妈妈”叫得起劲，还很喜欢冲他们秀自己的中文，最爱从一念到十，其实他只会这些，而且说得很烂，那个“十”的音调总是飞到天上去，常常把我爸妈逗得笑不拢嘴。他还一再告诉爸妈，千万不要见外，更无需拘束，因为这是小波的家，是他们女儿的家，完全可以随心所欲，想怎么样就怎么样。杰克自己也照常生活，从不刻意表现。

杰克没有一日三餐的概念，更没正正式式坐下来吃的习惯，这让爸爸妈妈感到很奇怪。有一次妈妈忍不住问我：“你们杰克怎么从来不吃饭的？”我笑着告诉她杰克不是不吃，而是他一会儿拿块披萨，一会儿吃点芝士，嘴巴不停的，根本不会饿。正因为杰克的随意，爸妈也很快就放轻松了，和在自己家一样按照他们的习惯生活。

爸爸每天早上都要做个酒酿水煮蛋吃，杰克就像个孩子似的请爸爸也给他做一个，结果他也爱上了酒酿水煮蛋，觉得味道非常嗲。于是这老丈人和女婿就相约每天早上一起吃水煮蛋，一天不落，明明语言不通，鸡同鸭讲，可两人却吃得异常开心，还要捧起碗来干杯。我常常看到两人面对面地坐着哈哈大笑，我是丈二和尚摸不着头脑，只觉得不可思议！

还有妈妈，她吃不惯美国的东西，就干脆把厨房划为她的“私人领地”，在里头烟云火燎地做起了中国菜，每天又炒又煎的不亦乐乎。但其实美国人很少用厨房，连脱排油烟机都不装，所以妈妈一做菜，整个屋子就全是油烟味。

杰克总是一边大笑，一边叫：“总有一天妈妈你要把我们的房子给烧了！”

“那也没办法的，你那些外国大饼我可吃不惯。”

听到他们这样的对话，我总是偷笑，心里的幸福感真是要满溢出来了。

才这样相处了没多久，妈妈起初的疑虑就打消了。她告诉我杰克确实是个勤劳的人，她一直在观察，发现他每天都是天不亮就起来工作，一直要到很晚才回来，粗活累活从不让我动手，这点让她觉得很感动也放心了。

他们俩还常常聊天谈心，杰克有一次对妈妈说：“真的很感谢你为我生了一个好女儿，我非常爱她。”

妈妈问他为什么觉得我好，他说了很多很多，其中有一条让妈妈记忆深刻。

他说：“平时，我买不起什么奢侈品给小波，所以每次一到节日，我就会去商店挑选些略微贵重的礼物送给她作为小小的弥补，但小波收到之后总是马上拿去店里退掉，还不许我下次再买，这样很多次之后，我感到小波真的是一个非同寻常的女人，我没有任何理由不珍惜她。”

一个月后，包娜带着她的老父老母还有姐姐特意从加州赶来看我爸妈，我们在杰克父母家来了个欢乐大聚会，总共十个人，六位是老人家。杰克的爸爸妈妈把平时放在玻璃橱窗里展示的漂亮餐具都拿了出来，铺上漂亮的桌布，做了最地道的意大利美食款待客人们。爸爸妈妈笑得非常开心，大口吃着塞了新鲜大蒜和绿橄榄的牛肉丸子。我感觉到他们好像有一点儿被杰克的“快乐哲学”影响了，如果是真的，那该是件多好的事啊！

欢迎包娜一家，右二：包娜爸爸、右三包娜妈妈

可之后的事实却伤了我的心。

爸爸妈妈一到美国，我就和杰克一起郑重但耐心地同他们说：“从现在开始，什么问题都不需要你们操心，你们就开开心心地过好每一天，再也不要吵架了，这是我们请你们来美国的原因，更是我们的心愿。”爸妈听了很感动，也都点头答应了。可没坚持多久，他们又开始吵架，有一次大吵一番之后，还分开住，谁也不理谁。杰克很担心，多次去劝我的父母，两头说尽好话，即便知道爸爸一句也听不懂，却依然尝试着，尽力着，结果却还是没有一人愿意先让步。

杰克带着妈妈跳舞

因为这件事我失眠了好几天，就像个缺乏安全感的孩子，将整个身子缩

起来躲在杰克的怀里，儿时害怕的记忆一幕幕重现，杰克轻拍着我的后背，告诉我：“小波，每个人都有自己习惯的生活，你已经管了二十几年，伤心了二十几年，现在你不能再管了，你也管不了。”

我知道，我知道冰冻三尺绝非一日之寒，这不是我或者杰克旦夕间可以改变的，但爸爸妈妈都是好人，为什么就不能好好说话，好好在一起生活呢？我想不通。最后，当他俩再次爆发“世界大战”时，我痛哭着对爸爸作了一次严肃的讲话。当时我的脑子很乱，哭得非常伤心，只记得我第一次坦白地告诉了爸爸，他和妈妈总是吵架其实对我们孩子心理上的伤害非常大，真是比打我们还要痛。到了晚上，我就听见门外传来爸爸的踱步声还有咳嗽声，我知道他肯定一晚都没睡，我又何尝不是呢？隔天工作完回来，我在床头柜上发现了一封爸爸写给我的信。

心爱的小波：

你的一番虔诚，惊天动地。感动了上帝，令人泪流不止！你的第一个梦没有失败，转败为胜。失败是成功之母！你说得很对，确是我气量太小了，小不忍则乱大谋，我决心把这即将失败的变为成功。宰相肚里能划船，为什么我就做不到？望你们以后不断鼓励，不断帮助，不断监督以观后效。

在此谢谢杰克对我们一番诚挚的爱心、孝心和耐心！

写于一个不平静之夜

父字

看这封信时，我的眼泪又不争气地夺眶而出，一颗颗地滴在纸笺上，将黑色的字晕成了一朵朵水墨花儿，这是喜悦的泪，是兴奋的泪，更是安慰的眼泪。我破涕而笑，感觉自己是只快乐的小鸟，拉着杰克转起了圈。我告诉他，我不会放弃，中国有句古话“精诚所至，金石为开”，我相信滴水亦可穿石。

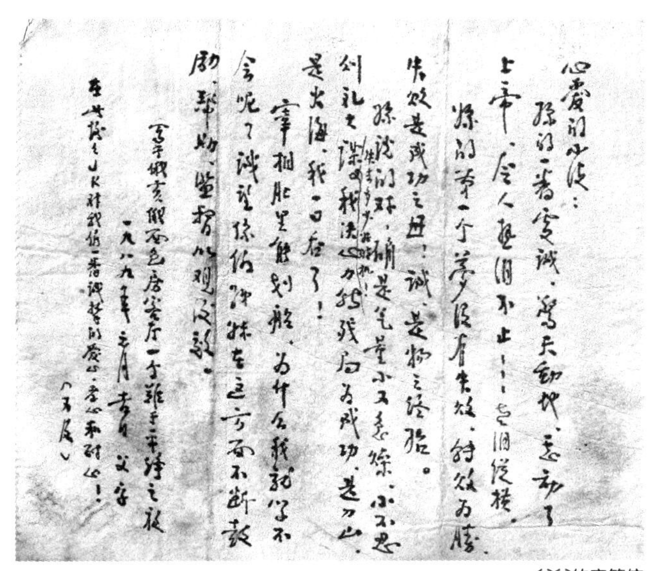
爸爸的亲笔信

虽然父母的关系仍然有待改善，但他们在我这儿住了两个多月后,对于工作的观念却实实在在地被改变了。他们看到杰克的父母都七八十了，还坚持每天到面包房帮忙，洗烤盘、拖地板、给饼皮刷番茄酱……这样的勤勉使他们深受触动，所以在快入冬的时候，爸妈主动提出要去面包店帮我们搭把手，这让我和杰克非常感动。

然而我的父母都是干不来粗活的知识分子，我很清楚，所以只能挑最简单的活让他们做——帮忙把做好的面包一个个装进塑料袋子里，可对他们来说依然生疏。爸妈的手脚不灵活，效率很低，常常要做到晚上八九点。青年镇的冬天很冷，到了晚上气温更低，爸妈得一边哈气搓手一边干活。杰克看了十分不忍，没多久就强行让二老“下岗”回家了。

但一天到晚宅在家确实也很无聊，爸妈多次要求我帮他们找个工作，既可打发时间也能赚点外快。我拗不过他们，便在附近一个洗衣房给他们找了份清洁打扫的工作，主要是里里外外擦拭每一个洗衣机，大约20美金一次。洗衣店的老板是我和杰克的朋友，叫艾达（Ed），长得虎背熊腰，孩子们见了他都有点儿害怕，但其实他的心地非常善良，总是为他人着想，所以爸妈在他那儿工作我很放心。

第一天回来，爸妈虽然都有些疲惫，但精神状态却很好。妈妈迫不及待地拉着我分享起她的见闻。

“我发现你在美国结交的朋友都是好人，艾达也是，”她喝了口水继续说，“艾达在一排洗衣机旁边放了张靠背长椅还有一列书架，供等待的顾客任意浏览，烘干机旁还有个电热咖啡壶，整天插着电，墙上贴了张纸：‘免费喝’，有人在旁边加了句‘爱付就付’，结果用来放咖啡壶的圆盘里堆满了顾客扔进去的硬币，真是滑稽得不得了！”

爸爸也跟着附和道：“环境对一个人是十分重要的，看来杰克确实给了你一个非常好的环境，使你在生活上很自在，精神上也非常愉快！”

我的心里自然是一直对杰克十分感激，但听到爸爸这么说，我的情绪便被放大了，个中原因首先不得不提及的是爸爸的人生。

爸爸出身其实很好，毕业于黄埔军校，可以说文武双全。刚解放时在上海海运局担任局长秘书，但因为历史原因曾遭受过巨大打击，先是成了被批斗的对象，然后又被抓去江西集训队喂猪，一去就是四年，同一时间里，妈妈也被调去了奉贤塘外的五七干校，一周才回来一次。那时，我和姐姐都还很小，只有九岁、十岁，我们常常遭人欺负，不是被撕破衣服，就是被吐口水，好端端地走在马路上，也会有一群男生跟在后面骂我是“黄鼠狼”，就因为我姓黄，又是“黑五类”。有一次，一个男生竟把一只死猫放在我的脖子后面，吓得我半死。我们家还被扫地出门过两次，我放学回来就看到家具都被扔了出来，巴金、吴强等老作家正在帮我们搬家。当时家里面一个男人都没有，哥哥也不和我们住在一起，所以我和姐姐每时每刻都陷在恐惧中，不知道下一秒会发生什么样的灾难，我们明明有父母，却像没有似的过了很长一段难熬的日子。

四年后的一天，我去弄堂口倒垃圾，看间一辆三轮车上坐着个满头白发的老人，等车近了我才隐约认出那竟是爸爸！四年的“集训”让他完全变了个模样，看上去苍老不已，当年的风范竟连一点儿影子都没残留下来。原以为爸爸回来后，我们的日子能好过一点，谁知四年的摧残已经把爸爸变成了一个性情古怪、脾气暴躁的人，而他之后的人生也完全陷在怀才不遇的悲剧中。

爸爸对外人都很热情，讲义气，可在家却常常同妈妈吵架，还专挑难听的话说，他的嗓门很大，每次一吵，整栋楼七户人家全都能听见。对待我和姐姐们也十分严苛，甚至有点儿不近情理，我们都很怕他，根本不敢主动和他讲话。在我的记忆里爸爸很少笑，好像总是一脸愁苦。历史原因再加上家庭矛盾，都在我幼小的心灵里留下了深重的阴影，不知道多少次，我一个人躲到厕所里偷偷地哭泣，我发誓这一生我可以什么都不要，只要找一个好丈夫，组织一个没有吵闹声的美满家庭。

我是那么幸运，遇到了杰克，实现了这个美梦，我不再害怕，更不可思议的是，怪癖了大半辈子的爸爸在同一句中文都说不完整的杰克相处没多久之后，便给予了他如此之高的评价，这叫我如何能不千倍万倍地感激杰克，感激命运赐予我这份至高无上的礼物！

如果不是亲眼所见，我根本不会相信，爸爸同杰克的亲密程度竟和亲生父子没有两样，甚至是更好！爸爸不去洗衣房做事的时候，杰克就会带着他出去送披萨或面包，他俩语言不通，但杰克不管，照旧一脸灿烂，手舞足蹈地给爸爸介绍美国的历史、风土人情，介绍沿路每户人家、每个商铺。

“这家的男主人长得很像卓别林，他是个‘妻管严’，老婆说一他不敢说二，好玩得不得了。”

“这家的夫妻是我和小波的好朋友，我们经常打电话聊天，我最喜欢说一堆废话把他们家的电话录音时间统统占满，不过他们俩也常这么干。这家店的老板叫弗兰克（Frank），是我中学的好哥们儿。”

“还有那边的中国餐馆，拿上来的鱼都是连头带尾的，鱼的眼珠子就那么瞪着我（杰克使劲睁大眼睛，眼珠子都快掉出来了），我可真是没法下筷子……”

杰克就这么一路瞎吹，爸爸也就跟着一路点头，好像全听得懂似的，两人还时不时地大笑。就连妈妈都无法理解，总是摇摇头说这两人太神奇了。

很快就到了感恩节，这是美国人独创的一个古老节日，为了感恩上天赐予的好收成。在这一天，家人们欢聚一堂，吃着烤火鸡和各种馅料的派，感觉就好像我们中国的中秋节，所以这一年的感恩节对我来说尤为特别，我要感恩上天将爸爸妈妈带到了我的身边，感恩杰克让我们每个人都如此快乐，感恩我所拥有的一切。为此我兴奋了好几天，可偏偏生活总爱给你点惊喜来显示它的公平，准确地说，应该是惊吓。

虽然是国定假日，但我和杰克仍想赚点现金，所以面包店照常营业。前一晚下了场大雪，面包店几乎被皑皑积雪包围了，杰克费了好大劲清理完门前的冰雪，又爬到屋顶上去清扫。我在店里忙活着，忽然听见“砰”的一声闷响，吓得我把整个烤盘碰翻在地，又发出一阵刺耳的响声，我不知道是怎么回事，一种不太好的预感袭上心头，心脏也开始毫无预兆地剧烈跳动。

果然，门外有人大喊起来，我慌张地夺门而出，险些被掉落在地的烤盘绊倒，出门后看到的一幕简直把我给吓傻了！杰克整个儿躺在地上一动不动，一个路人蹲在他身旁，拍打着他的脸，确认他是否还有意识。

“我的天啊！”我一边呼天唤上帝一边蹲下看杰克，“杰克！杰克！你没事吧？！”

“嘿，哥们儿，别拍了，很痛啊。”

杰克忽然开口，我和那路人都傻眼了，等反应过来时路人被逗笑了。

“不好意思啊，我只是得确定一下你还有没有意识，你从房顶上滚下来真够吓人的！不过现在看来，你应该没什么大碍。”

杰克也坚称自己完好无损，但我怎么可能放心，从房顶上摔下来可不是开玩笑的，所以谢过好心的路人后我赶紧硬拉着杰克去了医院。

上帝保佑，检查下来确无大碍，我总算能松口气。杰克倒好，我担惊受怕了一上午，他却不改耍宝本性，一出医院就催着我赶紧回家穿衣打扮。最后，我们还真在三点前带着爸妈赶到了琪琪家，就跟什么事也没发生过一样，与杰克一大家子共同分享了感恩节的传统大餐。我在心底默默感恩上帝，感恩他保佑着我的杰克，让他能逢凶化吉，安然无恙。

在美国，感恩节一过，新年的气氛就一天比一天浓重起来。每家每户都从地下室里将圣诞树、充气的圣诞老人以及各种装饰品搬出来，到处可见欢乐又忙碌的身影，或是爸爸和儿子一前一后、一高一低地抬着圣诞树，或是妈妈带着女儿往门上挂圣诞花环，用冬青树枝编织成的花环再点缀些许松果和大红蝴蝶结，看上去十分可爱。在我们家，虽然没有那么多闲钱去置办精美的装饰品，但快乐的气氛是绝不会输给任何一家的，对此我充满着自信，因为我们家藏着一个“秘密武器”，爸妈完全不知道，我和杰克打算到圣诞节那天给他们一个惊喜。在这之前，我们得先完成一个重要且艰巨的任务——帮助爸爸戒烟。

爸爸的烟瘾挺大，杰克很担心他的身体，便鼓动我一起帮爸爸戒烟。一开始我觉得这事儿非常不靠谱，爸爸是“老烟枪”了，抽了一辈子，临老要叫他戒烟谈何容易，但杰克不停地给我加油打气，还搬出了类似于中国古话“世上无难事，只怕有心人”的理论，我拗不过他，只好与他结成“统一战线”，再把妈妈拉进来，一起展开了场“戒烟运动”。

我们先是采取“轮番轰炸”的“战略”，三个人对爸爸不停地好言相劝，特别是杰克，把吸烟的危害性一一列举，他最爱夸张，说到后来简直是危言耸听，我都没法翻译了，而爸爸不但没害怕，还常常被他逗得大笑。我真是受不了杰克，只好剥夺了他说客的资格，强行把他撤下来。当我爸爸“不领行情”呢，这样乱说爸爸怎么可能会相信，每天笑嘻嘻地抽烟抽得更起劲了。

把杰克这个捣蛋鬼赶走之后，我和妈妈继续贯彻执行好说歹说的策略，持续了将近一周后，却得到了一个令人汗颜的结果——爸爸当我们每天是在唱“山歌”、说笑话给他助兴，烟没戒成，我们倒被自己重复的唠叨给烦死了。由此宣告我们的这个“战略”以彻底失败告终了。

我和妈妈都有点儿打起了退堂鼓，但杰克又冒出来说要重振旗鼓。他分析说爸爸抽烟可能只是个习惯动作，我们找些别的东西代替香烟应该有用。于是杰克买了各种味道的口香糖还有小零嘴回来塞给爸爸，还把他的烟给藏了起来。他的这个办法我从一开始就非常不看好，爸爸都几岁的老人家了，小零嘴也就算了，这么多口香糖让他怎么吃？真是拿爸爸当外国小伙呢……杰克的异想天开让我哭笑不得。结果自然是如我所料，香烟全被爸爸找到了，口香糖则全奉还给杰克自己享用了。

实在没办法，我们只能使出狠招，三个人一起故作严肃地“威胁”爸爸，如果他再不把烟戒了，我们就集体不跟他说话了。这招还算有点效果，爸爸至少努力去尝试了，可惜还是没戒成，他跟我们求饶说这烟都抽了大半辈子了，现在一把年纪了要他戒真的是太折腾他了。我们当然理解，本来戒烟也是为了爸爸好，实在戒不掉也没办法，更何况我们也坚持不了一直不同他讲话。

最后，我们用这场“戒烟运动”的失败迎来了圣诞节。到处都洋溢着节日的气氛，远远地就能看到许多人家的屋檐上挂起了五颜六色的小彩灯，门口的小草坪上还摆着各式的圣诞老人。我也在面包店和家里的墙上贴了圣诞老人笑眯眯的头像还有金色的铃铛，但最重要的是，我终于能隆重推出我们家的“秘密武器”——真正的圣诞老人——杰克。

杰克最爱扮圣诞老人，他的一套行头是琪琪从旧货店淘来的，每年的圣诞节他都会兴奋地穿上圣诞老人装，戴上小红帽子和大白胡子，还真的背个装满小礼物的大布袋到亲戚朋友家分发，还有附近的养老院。老人们都盼着杰克的笑容来温暖自己，杰克会为大家唱祝福歌，讲笑话，每个人都说杰克是天使，能用他的爱一下子驱散寒冷和孤单。除此之外，杰克还会做许多面包和披萨无偿地送给慈善机构、教堂，让更困难的人也能过上一个快乐的圣诞。

当变身成圣诞老人的杰克出现在爸爸妈妈眼前时，他们感到非常惊喜，都笑得合不拢嘴，还争着同他拍照留念，而当他们亲眼看到杰克做的善举时，更是对他交口称

“圣诞老人”杰克

最特别的圣诞惊喜

赞。我们都和杰克开玩笑说他应该去商场里扮圣诞老人，跟顾客们拍照，这样还能赚点钱回来，杰克听了大笑。其实杰克在青年镇扮圣诞老人已经是小有名气了，还有不少人会专门邀请他去扮演，但杰克从来不取分文，他总说："圣诞老人就是免费为大家送快乐去的。"

杰克没有食言，我也没有错信，他是一个心里有着许多许多爱的人，这是多么弥足珍贵。我为自己拥有一个真正的圣诞老人而感到无比骄傲。

节后，很偶然的，我收到了在我们当地十分有名望的眼科白内障专家欧医生夫妇（Dr.Kong & Gim）的邀请，让我去他们家教授太极拳。原来欧医生经常听他的病人提起我，说我会中国的太极拳，还非常有爱心，每周末都会去养老院免费教老人们，所以他愿意为我提供场所，让我正式开个太极班，帮助他的病人们更快地恢复健康。对我而言，这真是喜从天降！

我在上海时曾师从气功大师林厚省，还参与过他的纪录片拍摄，跟着林大师深造至1985年时考到了太极气功18式的证书，也由此爱上了太极。来美国同杰克结婚后，因为经济拮据，根本租不起教室，所以没法开班授课，但我实在不想空学一身功夫，却无法传播中国传统文化的伟大产物，没法帮助人们强身健体，所以就让杰克带我去养老院，我还特意为那里行动不便的老人们自创了一套"椅子上的太极（Tai Chi on Chair）"，深受大家的欢迎。没想到如今我真能开一个班，能帮助更

共度圣诞

多的人。我兴奋了好几天，杰克一向是我的跟屁虫，也就跟着我瞎开心。

正式上课那天，杰克也硬要同我一道去，说自己是我的小跟班，得负责帮我拎包递水。真受不了他，只好带着他一道去了欧医生家。所幸杰克也会一点儿太极，是婚后跟着我学的，每次他都很认真，一招一式也算是有模有样，但18式学完后他就不大情愿再学24式了，其实我心里知道，杰克是因为我才学的，他自己并不是真的很喜欢练太极。

我和师傅一起录制的DVD

欧医生提供给我的场地非常好，宽敞又干净。来学习的人年龄跨度很大，有的是才几岁的小不点儿，有的则已过耳顺之年，但每个人

左起：凯瑟琳、大学室友钟明义、麦德伦

都学得很认真。杰克也常常混在队伍里跟着学，虽然我看得出他也很努力，但不知道为什么，每招每式由他做出来就是显得特别有喜感，其中有一对老姐妹学员——凯瑟琳和麦德伦就总是被他逗笑。这对老姐妹同我和杰克特别投缘，每次练完太极后都要请我们去A.W吃热狗，闲聊中我们知道了姐姐凯瑟琳是数学老师，妹妹麦德伦是青年镇第一名女校长，两人都已退休在家，并且都是孤寡老人。

开班之后，我完全没有了休息时间，虽然杰克总是尽量分担着粗活累活，但我不可能眼见他辛苦自己却偷懒享乐，所以除了每天忙碌面包店的活儿，赚钱还贷款，照顾爸妈之外，还得在周末的下午，扔下围兜顶着一脸面粉就奔波于养老院和欧医生家之间教授太极气功。我尝到了生活的辛劳，也明白了充实的意义，不管怎样，有杰克相伴，我确信，一切都会很好。就像寒冷咄咄逼人的一月虽然难熬，却冻结不了我生日的温馨一样。

1月7日是我的生日，这个生日有我最爱的爸妈和杰克陪我度过，就算吃泡饭萝卜头我也开心，我躺在床上心里这么想着想着都会笑出来，连自己都觉得莫名其妙。转头一看，床头柜上已经放着一张漂亮的粉色卡片，这是罗斯特

（LaPresta）家的传统，每逢重要的日子，我和杰克都会互赠卡片，写上心里想对彼此说的甜言蜜语，即使并非节日的时候，我们也会互留各种充满爱意的小纸条。卡片上还摆着一束娇嫩鲜花，是十二枝热辣的红玫瑰，有着爱情的味道。真浪漫，杰克从不会让我错过任何一次属于我的节日，我就知道。

我的宝贝甜心：

你的生日将会是最美好的一天，因为你配得上一切最好的，所以让我们用美食和欢笑来庆祝吧！

我爱你，也爱所有关心你、认识你的人。

你知道吗？你看起来仍像18岁的女孩儿一样美丽。现在赶紧起床开派对吧！

永远爱你的杰克

“18岁的女孩儿”，我笑出了声，杰克你哪有见过18岁的我？美国男人的嘴巴真是甜得要命，大概是甜食吃太多，蜂蜜喝太多了吧。

杰克送给我的心型气球

起床后下楼，我发现茶几上还放着一封折叠好的信，信旁放了一些东西，我打开一看竟是爸爸写给我的，真是双倍的惊喜！

小波，

我选了很久，选中了这副壮丽的松雪画面，愿你和杰克像画中的松柏一样挺拔，坚强，长青而长寿！愿你们的心灵像这白雪一样洁白朗朗而可爱。

今天是你32岁，小琳33岁的生日，因为你们俩出生的日期仅隔三天。我们一向就习惯地把你们摆在一天一起过生日。而今你们却是天南海北，分居大洋彼岸。但这个有历史性的习惯概念，仍深深地留在我的脑海里。在祝贺你的同时，也难忘小瓜那个跳跳唱唱的喜悦形象，愿你们姐妹在精神上永远幸福，快乐的生日，生活在一起吧！

看到这儿，我对姐姐小琳的思念忽然像潮涌般袭上心头。是啊，来美之前我总是同姐姐一起过生日的，我们俩喜欢勾肩搭背，悄悄话讲到一半就放肆地大笑，妈妈常骂我们爱发痴。我可爱的姐姐，她天生丽质，后天爱美，即使在那个物资匮乏的年代，她依然能捣腾得山青水绿，有模有样，我们家几兄妹走出去，她总是最洋气最“扎台型”的那个。

一幕幕场景像电影般在眼前回放起来，就像爸爸信里写的“人的生日，往往会给自己和有关痛痒的亲人们带来许多美好的回忆。这回忆，是多么令人恬静而兴奋，它像电视镜头，一个一个地闪耀不停，人就是这样有趣地生存成长，成就了!”想来，我还在这个有趣的过程中，不知道我的哥哥姐姐们“生存成长”得如何了，是不是和我一样幸福呢，我想一定是的！因为“圣诞老人”杰克每天都在虔诚地为他们祈祷。

温故而知新，想说的话何其多也！但此刻已是“夜半歌声”，只有赏者没有听众。同样在你出生的那天，也是个夜半歌声，但是个出奇的难产的夜半之歌，它激动我被迫求医，找到我的老朋友刘铸、王佩言夫妇（刘是上海中华医学会外科协会副主席兼院长，王是内科主任）。他们合衣而起，惊惶操待，当即找到市一医院产科主任顾人勋，在他们亲自动手的亲切关怀下，向我保证大人小孩99%安全无恙。就在这百分之一的安全系数上，我们谈了很久。他们只好把一切安排的医疗措施反复倾告于我，但仍要保留这百分之一系数，原因是母体有原发性的过敏反应，这是目前世界医学无法彻底解决的难题。这就使我思前想后通宵难眠，一直到第二天中午（七日午时）你平安降生，我才平静地呼吸了一口甜滋滋的空气，这一滋味记忆犹新，思之滋意更浓，感慨万千！

我的到来真是让自己的妈妈受尽了苦难，眼泪再也止不住地沿着脸颊掉落下来，这是感恩的泪，感恩妈妈赐予我生命，这也是祈祷的泪，在我的诞生日，我依然向上天许下想要个孩子的愿望，我发誓会同天下父母一般愿为他/她倾其所有，爱他/她，守护他/她。

夜深了，就此祝愿你和杰克更好地做到亲密团结如一人，更好地发扬你们俩英俊贤淑、秀美惠中的天才而幸福长寿！随付生日纪念品：1、辞海一部，2、唐诗赏辞一部，3、古文赏辞一部，4、书法辞典一部，5、秘书手册一部，6、斗笔（大中小），7、古墨一瓶，8、袖珍朱砂印泥一合，9、国产金笔一支，10、18K戒指一枚，愿你喜欢，供你欣赏，供你使用。

最后请允许我趁这个生日的好日子提出我们谢主的建议吧：

基督是我家之主！

爱是永不止息的！

爱是恒久的忍耐！

父字，于俄亥俄富址

一九八九年元月吉日午夜

“爱是永不止息的！爱是恒久的忍耐！”我在心中默念，“感谢爸爸、妈妈，还有我的宝贝，杰克。生活是如此美好，只因为，爱。”

真是眨眼的功夫，杉树枝头的芽簇已经蹿出来长得颇为肥壮了，柳树也舒展开她柔美的枝条，像仙女似的翩翩起舞。早晨，拉开窗帘，推开窗户，虽然迎面刮来的风还是有些料峭，但却伴随着阵阵植物的清新幽香还有充满生机的泥土气。春天就这样悄无声息地来了。

我们一家四口依然各自忙碌，踏实地过着小日子。天气一天天暖起来，我和杰克原本还商量着可以带爸爸妈妈去附近哪儿逛一下，谁料到爸爸的老胃病犯了，呕吐不止，每天都只能躺在床上。这简直把我吓坏了，因为在美国，什么都能商量着办，只有非公民的人生病最最愁人，去医院看病如果严重的话甚至能把人看得倾家荡产。我和妈妈都急得像热锅上的蚂蚁，杰克一边稳定我们的情绪，一边照顾服侍着爸爸，他怕我们太辛苦，所以什么活都往自己身上揽，不让我们动手。他每天按时喂爸爸吃药，还帮爸爸擦脸、擦身，一天两次，从不间断。晚上工作完回来，杰克会先把爸爸的尿盆倒了，清洗干净，然后亲自端热水给爸爸洗脚。看着杰克这么个大个子蹲在地上为爸爸搓脚的身影，我和妈妈都感动地不知说什么好，特别是妈妈，总是不厌其烦地在我面前夸奖杰克，她还告诉我，杰克私底下一直安慰她不要担心。

“我对你们就如同自己的父母一样，所以你们安心地住着，我会照顾好爸爸的。”

除了悉心照料外，杰克每天早晨都为爸爸祈祷，我想一定是上帝被他感动了，几天后，爸爸的病情开始好转，能够简单地进食。我和妈妈大大地松了口气，杰克则为爸爸送上了最为灿烂的笑容，还替他刮胡子，搞得爸爸很是害羞，但杰克不管，相当投入、仔细，刮干净后还洋洋得意的，就像个孩子顺利完成了家庭作业一般。他拿镜子给爸爸照，问他感觉如何，爸爸还没回答呢，杰克就自夸起来。

“爸爸你看，我刮得多干净，让你一下子年轻了十岁是不是？”

临了还强行在爸爸脸上留了个热情的吻，真是滑稽得不得了。

爸爸总算痊愈了，调养了一阵后又同妈妈一起在面包店和洗衣房帮忙，我和杰克则继续忙活自己的一摊事。本以为一切只是有惊无险，却未曾想到危险是藏在了后头。

6月的一天，杰克和往常一样从面包房出来开车去麦当劳买咖啡，忽然，一辆垃圾车横冲直撞地迎面朝他撞来，杰克的车根本来不及躲闪，直接被对方撞了个粉碎。当听到邻居跑来告诉我这个消息时我差点没昏厥过去，最后是在爸妈的搀扶下才勉强撑到了医院。

杰克这是怎么了？半年前的感恩节从屋顶上摔下来，现在又出了车祸，这究竟是怎么回事？！一路上，我不断地问上帝，我的杰克那么善良，每天为他人祈祷，尽其所能地帮助每一个人，上帝为什么要让他一次次陷入危险之中？这样的好人难道不应该得到上帝的庇佑吗?

在到达医院看到杰克后，我想或许我是得到了上帝的答案。

除了几处扭伤外，杰克并不大碍，连主治医生都说这是个不可思议的奇迹。我深深地吸了口气瘫坐在椅子上，感觉自己的力气全被吸走了似的，手脚发软，眼泪鼻涕都还挂在脸上。爸爸妈妈也吓坏了，不停地感谢上帝，感谢菩萨，感谢各路神仙。护士好心地为我们送来热茶，“亲爱的，别担心，一切都会好起来的。我建议你们都先回去休息一下，换身衣服。上帝保佑，我看你们都被吓坏了。”听她这么一说，我才发现我和妈妈还穿着干活时的围兜，头发上都粘着白白的面粉，而爸爸则夹着双家里的拖鞋，我们三个人都是一副狼狈相。我好说歹说总算劝动爸妈先回家休息，但我是绝不可能离开杰克半步的，虽然医生说他没什么大碍，但经历了这样的惊吓后，我必须分分秒秒待在他身边，守护着他，也让他的安全稳定我的心。

杰克在医院躺了一天就嚷嚷着要出院，看他活蹦乱跳耍宝的样子，我总算吃了颗定心丸。因为过错方是开垃圾车的司机，他必须负全责，所以结果我们得到了一笔赔偿金，对当时窘困的我们来说算是很大一笔钱了。但手里攥着这钱，我的心里却是五味杂陈，说不出的难受，就好像是我的宝贝杰克用命换来这点钱似的，真是该死!

转眼到了炎炎夏日，杰克兴致勃勃地要组织爸妈去看一年一次的全国性狗展，因为爸爸曾告诉他自己非常喜欢狗，杰克便记在了心上，大半年前就跟我提起一定要带爸爸去看看。杰克也非常爱狗，他曾经的职业就是专业训狗师，还得过许多奖，所以爸爸同他在这点上也十分谈得来。每当爸爸看到杰克充满爱心和耐心地对待邻居家的小狗或是流浪狗时，都会跷起大拇指称赞他，爸爸觉得狗是非常有灵性的动物，你如何对待它，它就会如何对待你。而所有的狗狗只要看到杰克都会激动地扑到他怀里，做出各种发嗲的动作，或用头使劲蹭他的脸，或用鼻子对他一阵乱吻。

狗展之后爸妈的签证也到期了，加上他们年纪大了，没有美国医疗保险的话万一再有个身体不适的实在很麻烦，所以我和杰克只能让爸妈回上海。我看得出爸妈都非常不舍得我们，特别是爸爸，临走前几天，他总显得有点儿强颜欢笑，这让我心里很不是滋味。爸妈来美一年，虽然我和杰克是尽心尽力地在照顾他们，但因为客观条件的限制，很多地方，我依然觉得很愧疚。二老不远万里前来，我们却没钱也没时间带他们游览美国，一年时间里就去了两次克利夫兰，连俄亥俄州都没走出过。还有件很遗憾的事，妈妈其实非常想带个电视机回上海，那时的人出国回去总会带一两件家电，但我真的没有足够的钱给她买，只能作罢。

“妈妈就这么一个小心愿我都无法满足，我真的非常非常难过。”午夜难以入眠时我总会忍不住哽咽着对杰克说。

“小波，你给了爸爸妈妈快乐和健康，这才是最重要的！再多钱也买不了这些。当然，我知道，如果物质上能好一点儿会更完美，是我不好，下一次，我们一定可以弥补爸妈，我保证。”

其实我不需要这样的保证，因为杰克已经给予了我们一家三口满满的爱。妈妈告诉我，同杰克生活在一起让她觉得很温暖，她聊起杰克前几日与爸爸谈心，说自己到中年后悟出一些做人的道理，他觉得友谊固然重要，但夫妻关系才是重中之重，因为朋友不可能每天在一起，而夫妻是一生一世分不开的，所以一定要花心思去培养和爱护两人之间的感情，这样才能幸福快乐。杰克说：“我是这么想的，也是这么做的。”

好女婿杰克

终于还是到了离别的时候，在机场，我已是泪眼朦胧，爸爸妈妈分别给了我一个拥抱，唤我是傻孩子。杰克则主动上前拥抱他们，就和来时一样，爸爸说这是“充满力量和温暖的拥抱，让人可以一下子就卸下所有的戒心和防备”，杰克在爸爸耳边说一定会再把他接来美国，下次来就不许他走了，爸爸感动地直点头。

送到登机口的一路，爸爸真的是一步三回头，入闸之前，他转身拉着我的手，同我说：“小波，杰克是这世上最好的女婿！你很幸运，我也是。”

只这一句，胜过了世间的千言万语。

可谁能想到，两年后，大洋彼岸传来了爸爸去世的噩耗。突然之间，阴阳两隔。他再也没能见到最爱的女婿，两人开怀大笑一起吃酒酿水煮蛋的场景也只能成为追忆，深深地埋藏在我和杰克的心里。

爱的奇迹

在我们家附近有个街心花园，每年的9月，当地的妇女协会都会在那儿举办秋季手工制品秀，这是一年里难得可以多赚点现金的机会，所以为了赶上这个秀，我和杰克必须提前好几天就开始准备。那几晚我总是睡不踏实，一会儿担心这缺了，一会儿担心那漏了，非得爬起来好几次，查看完毕了才罢休，杰克也被我搞得神经兮兮，总觉得有什么东西还没准备好。我们俩的脑袋简直是被面包、春卷还有炒饭塞满了！没办法，这关乎着一年的生计，可不能出什么差错。

到了这一天的清晨四五点，天还蒙蒙亮的时候，杰克就一个人把煤气罐、炊

杰克炸春卷

爱搞怪的杰克

具、长桌、凳子还有食材等等一堆的重物扛到车上出门了，他得先在街心花园占好位子把摊位摆出来。这可不是什么容易的活儿，光是把车里的东西一件件搬到摊位上就能把人累得够呛，杰克得来来回回不下几十次才能搞定，所以那一天里他总是汗流浃背，浑身湿嗒嗒的。我会在六点时步行去那儿，就跟跑单帮似的手里拎着肩上背着腋下夹着各种杂物。到了摊位上，我负责替杰克打下手，虽然他总想把粗活重活一概揽下，尽可能不让我动手，但他也就两只手两条腿，那么多活儿一个人怎么干得过来？为了抓紧时间，我只好“命令”他不许再阻拦，然后我也像只无头苍蝇似的不停跑来跑去，搭帐篷，铺桌布，把售卖的各种食物归类摆放好……哪里需要我，我就上哪儿，真是连喘口气的时间都没有。一直闷头忙活到八点左右，我们总算迎来了“希望的曙光”——杰克全家老小齐出动赶来帮忙。

很快，街心花园就熙熙攘攘起来，摊子一个接着一个，陆陆续续有人前来，或挑选购买或凑份热闹。我和杰克都穿起围兜，他卖意大利披萨、面包等小食，我则开始现场炸春卷、做炒饭。如果运气不错，碰上好天气游客又多的话，我们的摊位前会排起队来，看到人们手里都攥着现金等待着买我们的食物，我和杰克就会偷瞄对方，眼神里的开心真是要满溢出来了，我幻想着要是每天都这样就好了。杰克还会朝我眨眼睛，他的眼睛细细弯弯，肆意地朝我放着电，我完全没有抵抗能力，任凭一阵阵暖流酥麻全身的经络，然后，就像电池充满电似的，我竟会全然忘了身体的疲乏，眼前的炒饭变得粒粒饱满、晶莹剔透，闻起来香喷喷的，炸春卷时发出的滋滋声也成了欢快的音乐。心里住着一个爱人，就算做最苦最累的活儿也会越干越快乐、起劲，这是爱给予人的神奇体验吧。

到了中午，吃过饭的家人们会顶替我和杰克一会儿，这时候我最爱拿着大块披萨边啃边去看别人的摊位。有的摊子在卖一些做工很精致的木制品，有的是卖各种草编的小玩意儿，还有卖南瓜雕刻品的，十分有创意。虽然绝大部分东西我都买不起，但我依然看得津津有味，一个摊位都不落，还很喜欢同老板们聊聊天，杰克管我叫“顶顶优秀的看客”。

忙里偷闲地谈情说爱

傍晚时分，人流渐渐散去，热闹退场，收摊的声音取而代之。我们全家老小也早已累到不行，但大家还是兴奋地从各自的围兜里掏出一天的收成开始点，然后扔进钱箱。这时候我的状态基本上是瘫坐在椅子上不愿挪步了，但看到一帮子老外扎堆数钱的情形就觉得实在好笑。

但这只是幸运的时候，运气不佳遇上下雨天的话，我和杰克就得淋着雨搬东西，在泥地里深一脚浅一脚的滋味可真不好受，杰克会大声嚷嚷："我的鞋子里可以养金鱼了！"准备的食物都湿了，我也只好自嘲"杰克面包屋的披萨和春卷是充满水分"，总之一切都和我们脚上沾满泥浆、面目全非的鞋一样狼狈，最后自然是赚不到什么钱，只好垂头丧气地回家。

坐在车上，我看到杰克湿嗒嗒的头发贴在脑门上，还不停地滴着水，就忍不住要嘲笑他，杰克则强调我比他看上去更糟糕，就像"从隔了好几夜的汤里捞出来的蔬菜"，"非常滑稽"。狼狈的模样再加上几句互嘲的话又让我们开怀大笑起来。

"从隔了好几夜的汤里捞出来的蔬菜？上帝，这也太恶心了！"

"怎么样？我很有想象力吧？"

"哈，你居然敢这么说我。"

嘈杂的发动机声掩盖不了我们的欢笑，老爷车上下颠簸却把我们的灿烂心情从车厢里颠到了外头，大概是老天也跟着我们一块儿笑了吧，因为我总觉得雨下得小点儿了！

这就是我们的生活，没有钱，但很快乐。

忙忙碌碌中，我和杰克又迎来了新的一年，这一年，于我们而言太过特别。

或许奇迹真的就爱藏身于拐角处，在整整两年后，当我几乎放弃了生孩子的念头时，却又十分意外地得到了上帝的垂怜，竟让我如愿以偿实现了做妈妈的梦想。

1990年11月22日，我们渴望已久的小宝贝终于来到了家中，成了罗伯斯特家族的一员，她真是爱的奇迹，我们为她取名梅（Mae）。杰克坚信这是上帝的馈赠，我们受到了至高无上的祝福才能拥有这样一个健康漂亮的小天使。

小梅的出现让我们高兴极了，特别是杰克，他每天都要带着女儿到处向人炫耀，人高马大的他一手抱着梅，一手推着小婴儿车，脸上的笑颜都展开成了一朵太阳花，一副得意洋洋的样子真是好笑。喂食、换尿布、洗澡这些事更是同我抢着做，“好吧好吧，都让你干，你是比我有经验”，我抢不过他，只好嘟着嘴这么酸溜溜地说，心里却不得不承认杰克确实做得比我好，耐心细致，一切都是有模有样。

每天清晨，杰克还是照旧要早起去面包房工作，他总是小心翼翼，蹑手蹑脚地下地，深怕惊醒睡在我们中间的小梅，可梅好像同他有心灵感应似的，前一秒看上去还在甜甜的睡梦中流着口水，下一秒只要杰克一挪动，她就忽然睁大圆圆的眼睛看着杰克，发出“依依呀呀”的声音，然后用她小小的肉嘟嘟的手去勾杰克的背心吊带，不让他走，父女情深的场景真是让我又窝心又感动到想掉眼泪。这时的杰克会兴奋地在小梅脸上一阵乱亲。

“小宝贝，我的小宝贝，你真是我的小天使！爸爸去工作一下，马上就回来好吗！”

他大声赞叹着，就怕全世界不知道他的幸福。大概是杰克的碎胡渣蹭得梅脸上痒痒，只见小东西挥舞着小手，拼命地擦着脸颊，眼睛还时睁时闭的，真是可爱得不得了。

“爸爸的胡子扎到我们小宝贝了，看来爸爸明天得更仔细地刮胡子才行。”

杰克一边欢乐地笑着，一边将梅的小手捧在自己的手心里，温柔地抚摸着。我心里明白，虽然杰克已有四个孩子，但前两次的婚姻都因冲动开始，失败告终，唯有这一次，他成熟了，是真正做好了准备，学习如何当一个称职的爸爸。

虽然我也很想杰克能多陪小梅一会儿，但面包店的生意不能耽搁，我只能轻轻掰开梅的五个小指头，将她搂入自己怀中，催促依依不舍的杰克赶紧洗漱出门。待工作了一天回到家，即使再疲惫，杰克还是会陪小梅玩耍，他这么个大个子整个儿跪在地上给梅当马骑，还会深情并茂地学马叫，哄得小梅咯咯笑，拼命拍他的脑袋命令他前进。直到小梅玩得筋疲力尽开始犯困，杰克才能稍微喘口气，准备洗澡睡觉。可他常常抱着浴巾坐在沙发上就睡了过去，连呼噜都不如以前打得有力道。我也一样，每天疲于奔波在照顾女儿和面包店之间，累得晕头转向，根本顾不上别的事，到了饭点也是随手抓起一个面包、一块披萨往嘴里一塞就算完事了，晚上躺在床上就感觉像被人打了一顿似的，浑身酸疼，但还是要坚持哄小梅入睡后才能安眠。常常还得抽空去欧医生家教太极，杰克要开车，我

小梅的专用“大马”

们就只好抱着小梅一道去。

我和杰克都深知有了孩子必须更努力工作才行，但又非常害怕没有足够的时间和精力照顾小梅，我们早已达成默契，要用满满的爱来养育她，不能让她受到哪怕一丁点儿的伤害。再者，美国的法律也不允许小孩子独自在家，如果被发现了，我们很可能会失去监护权。为此，我们开了很多次家庭会议，最后做了一个慎重的决定——再次把妈妈接来美国，帮忙一起照顾小梅。

虽然有妈妈陪着小梅我和杰克安心很多，但我们还是习惯逮着个空档就往家里跑，哪怕看她一眼，抱她一下都会感到十分满足。奇妙的是，我们的小梅和杰克一样，脸上总是挂着甜甜的笑，她很少哭闹，邻居们总说："你们家真安静，就好像没有小婴儿一样"。对我们而言，梅就是最强大的动力，她那可爱的笑脸可以瞬间安抚身体的疲惫，使我们更带劲地投入工作。

偶尔，当梅玩得太过兴奋时，她会不愿睡午觉，任凭妈妈怎么哄都无法入眠，喜欢爬来爬去，咯咯笑个不停。妈妈实在没辙，只好拿两条布手绢在她的手脚上很松地绕个圈，打个结，让她不要动弹，慢慢就能睡着了，杰克看到后就会故意吓唬妈妈。

"你在美国这么干可是要被抓进去的哦。"

"是吗？那怎么办呀？"

妈妈也习惯了和杰克一搭一档，像真的似的乱开玩笑。真是应了那句"丈母娘看女婿，越看越欢喜"。

不过杰克这个洋女婿有时候还真是比我这个亲生女儿还细心。母亲节那天他掏出偷偷准备好的卡片和一只会讲话的报时钟，笑眯眯地送给妈妈，这让妈妈觉得十分窝心，更意外的是，连我都有份。母亲节送妻子卡片？我和妈妈都有点儿摸不着头脑，只好打开一探究竟。

我最亲爱的亦是最棒的小波：

我知道你不是我的母亲，但你是我们孩子的母亲。我很爱你，我想让你知道小梅也同样地爱着你，对于她而言你是一个最棒的母亲。愿你能享受这美好的一天，因你在我们心中，是世界上最好的妈妈。

爱你的杰克和梅

感动溢于言表，我只能还以杰克一个深深的拥抱。看着最爱的人，妈妈、杰克还有小梅都围绕在我身边，每个人的脸上挂着快乐的笑容，每一天，浓浓的爱意都充满着我们简朴的小屋子，我拥有一个完美的家，我觉得我好幸福……

关于面包和春卷的奋斗史

“中意”自助餐

小梅出生后，我们更努力地工作，更频繁地奔波于面包店和银行之间，但生意不是靠我们多做五十、一百个面包就能有所好转的。在妈妈的提醒下，我和杰克再次商量起爸爸的建议。爸爸回上海前曾说我们应该开一家中国餐馆，我和杰克都非常勤劳，能吃苦，所以不该只守着一家面包店。其实面包店原有两间十分宽敞的门面，但因为琪琪的儿子麦克(Mike)想开家小型的玻璃厂，所以杰克就把其中一间以低廉的价格租给了他。正好那会儿麦克退租不干了，门面空了出来，我觉得这也算是天时地利人和，就坚持应该听爸爸的，开个餐馆试试看。杰克非常尊重我，他说：“这些地盘都是你的，想干嘛就干嘛！”

所以在夏天的时候，我们向银行贷款把这个门面里里外外重新装修了一番，为了省钱，我和杰克每天都会亲自上阵，在梯子上爬上爬下，又抡锤子又刷墙的，灰头土脸的样子就和来干活的工人一模一样。那段时间真的很辛苦，我们一边要忙着照顾面包店的生意，一边要赶着餐馆开张，还得照顾小梅，就算撑到晚上也还是不能休息，各式各样的报纸占满了我们的床，我和杰克一张张地翻，到处找卖厨房用具和餐具的广告。因为钱不够，所以后来餐馆里不管是锅碗瓢盆还是桌椅板凳都是我们从各地辛苦淘来的二手货。我把餐馆的墙壁涂成了中国红，没有钱买装饰品，我就把过春节时用的福字都贴在了墙上。我们为餐馆取名“中意”，因为我来自中国，而杰克的血统是意大利，“中意”在中文里又是“喜欢”的意思，很讨巧。为了方便起见，我们决定采用自助形式，雇了两个中国厨师后我们的餐馆就开张了。

把人力成本降到最低也就意味着我和杰克得身兼多职，餐馆主要由我打理，面包店不能离了杰克，但只要一有空闲他就到隔壁来帮我的忙，因为我的工作量

“中意”餐馆

实在是超负荷了。妈妈说在餐馆里就没看我站定过一分钟，总是像个无头苍蝇似的在前台、用餐区还有厨房钻来钻去。没办法，每天营业前我得负责订货，做准备工作；开门后我又要当服务员又要当收银员，厨房忙不过来时我还得临时上阵，做菜炸春卷；到了晚上，我还要和杰克一起对付满满一池子油腻腻的锅碗瓢盆，接着再打扫卫生，等全部忙活完后，我感觉我的灵魂已经和躯壳分离开来了，因为身子太重了，脑袋真的没法使唤它，几乎每天我都是被杰克扛回家的。那时，对我们而言最奢侈的就是睡眠时间，总觉得才刚躺下没几分钟就又得起床干活了。

幸运的是，餐馆一开张，生意就出乎意料地红火，住在附近的外国人都拖家带口地来品尝我们的糖醋肉、宫保鸡丁还有炸春卷，因此我们还上了俄亥俄州一个美食杂志的排行榜，“中意”自助餐馆被称为最有特点的饭店之一。这让我和杰克还有妈妈都非常高兴，但忙碌程度也相应地越来越严重，我和杰克真是靠着一股子劲儿硬着头皮往前冲，我们总是互相安慰，互相打气。

“我们有世界上最勤劳的两双手，所以什么也不怕！”

杰克还说：“再累也不能放弃寻找生活中的快乐。”

他就常常拿我后来雇的一个清洁工开玩笑。这个清洁工是个五十几岁的缅甸人，说着一口滑稽的英语，他非常爱讲他的家族史，第一天上班就跟我们说：“其他活儿我都能干，但厕所我是万万不扫的，我祖上都是贵族。”

我听了心里犯起嘀咕：你祖上是缅甸贵族，我祖上还是中国清朝的举人县官呢！要这么说起来，我们起码是平起平坐吧。

我还没来得及表态呢，杰克却大笑着拍拍他的肩膀，一个劲儿地说：“好好好。”

这么一来，我只好无奈地说：“你不扫，那我这个老板娘自己去扫吧。”

后来就真的是我每天负责扫厕所。明明雇了人却还是得亲自上阵，想想就觉得莫名其妙，我抱怨杰克是个傻子，他就笑着说："他是贵族后裔，又是个大男人，扫厕所确实有点儿为难他了啦。"

真是无语，如果每个人的心态都像杰克这么好，那真是要天下大同，世界和平了。不过一想到那个缅甸人同我商量这事儿时那认真严肃的语气和表情，我心里也觉得真是好笑。

开了餐馆后每天光干活就累得我够呛，所以也没时间和体力再去欧医生那儿教太极了，可原先的那些学员们常常打电话来关心我，询问我何时再开班。同我们很要好的那对老姐妹凯瑟琳和麦德伦还隔三差五地亲自上门来看我，每一次都会带着小礼物送给小梅，一本图画书或是一个益智玩具，总之都是费心思为正要牙牙学语的小梅挑选的。老姐妹总是抢着抱梅，两个人都喜欢在她的小脸蛋上亲了又亲，连妈妈都说老姐妹就好像是小梅的亲奶奶一样疼爱她。

老姐妹和我们一起为梅庆祝生日

这样真切的人情让我不得不考虑原先那个太极班的事儿，那些学员肯定是觉得跟着我练对健康有益处才会反复询问，不断鼓励我继续开班授课。作为我来说，把中国的传统文化带到美国并且让一群美国人接受和相信，这个过程是非常不容易的，我也不想半途而废，但我又害怕自己的精力和体力无法负荷，于是开始纠结。

杰克自然是能看出我的烦恼，他在一天晚上睡觉前，拉我一起坐在床上，他用大大的手掌包裹住我的手，问我："如果你接受了学员们重新开班的建议，你最害怕什么？"

"我怕到时候忙得哪边都顾不好。"

"那如果你拒绝了，你觉得最大的问题是什么呢？"

"我会觉得之前的努力都白费了，挺对不起很多相信我帮助过我的人，像欧医生他们，而且学员们如果因为我不教就放弃太极的话，我会很有罪恶感，就好像是我带给他们健康的希望，然后又突然食言了……我很难表达清楚，你能明白我的感受吗？"

"当然，亲爱的。所以我才提出这两个假设，现在，答案已经很明显啦，其实你在心里早就做出了决定，只是那个决定还没从你的脑子里发射出去。"

"我早就决定了？我决定什么了？我自己怎么不知道……"

"你的心已经决定啦，你想继续教，唯一的阻碍就是怕时间不够，而这个阻碍是存在于你的脑子里而不是心里，那你觉得该听谁的呢？"

"心？"

"所以，只要解决时间的问题就一切如意了。你觉得时间不够，那我们就让它走得慢一点呗。"

"你能让时间慢下来？！你干脆变两个我出来应付这一堆事儿得了。"

"也可以啊。"杰克又调皮地冲我眨了下眼睛。

"嘿，杰克，拜托！现在都什么时候了，你还跟我开玩笑。"

"我没有啊。小波，你要永远记得，你是一半，我也是一半，我们拼在一起才是完整的，所以当你累的时候你完全可以靠着我，把重量都丢给我。你周末要教太极，那活儿就都交给我，我来做，爸爸妈妈还有琪琪她们也会过来帮忙的，你就安心去上课，这样好吗？”

“我还能说不好吗……”

我的双臂紧紧环绕住杰克的脖颈，我将自己的头埋在他宽厚的肩膀上，像小猫咪似的轻轻蹭着。我真的很依赖这样的感觉，有杰克在，我什么也不怕，就算把我们扔到荒岛上，我的心也是踏实的。

“小波，你相信吗？爱，可以改变一切。”

“我相信。”

和杰克的“睡前小会议”彻底解决了我的烦恼，我决定重新开班，为了节省时间方便教课，杰克帮我把餐馆后面的一个仓库收拾干净，铺上地毯，变成了一个教室，虽然有点儿简陋，但好在大家还能伸展开拳脚。学员大多还是以前那拨，也有在“中意”吃饭后认识的，我还在报上登了广告，所以常有拿着报纸找来的人。每个周末大家都从四面八方赶来相聚在教室里，几乎从没人迟到早退，就连有些年纪已经很大的老人们都坚持过来学习，不过他们会说：“我们已经太老了，根本就做不动，我们来只是为了看到杰克的笑容，等着他来拥抱我们。”杰克听到这些话，总会故作严肃地让他们别这么说，“你们这么说小波可是要生气的哦！”说完就嘴角上扬着朝老人们眨眼睛，把大家伙儿都给逗乐了。

'AND IT'S FUN!" -- The most popular new exercise in the Youngstown area is the ancient Chinese Tai Ji, taught by experienced instructor, Xaio-Bo LaPresta and her husband Jack, of The Godfather Bakery in Canfield. Mrs. LaPresta is from Shanghai and has also taught in San Francisco and Denver. From left, in front, Xaio-Bo and Jack LaPresta go over the gestures with, in back, Catherine Roche, Betty Volasin and Connie Coleutcs, all of Poland. (Photo by Maureen Creager)

Local couple teaches Tai Ji exercise art

By MAUREEN CREAGER

"Flying like a bird. Inhale, open our big wings, feel very free and ood about yourself like a bird in ight, exhale—"

Many people are "flying like a ird" these days as Tai Ji, the ancient hinese exercise art, is becoming nown and practiced in the area.

Thelma Zuschlag, 83, of oungstown, says, "Oh, I just love t!"

Maxine Bender of Boardman smiles and adds, "It's fun!"

"I feel so much better," states Connie Coloutes of Poland. "It helps my arthritis."

Xaio-Bo LaPresta, an experienced Tai Ji instructor from Shanghai and her husband, Jack, now both of Canfield, conduct two classes in the slow-motion, low-impact exercises every Tuesday evening at 8110 Market St. in Boardman. The group began last November, and as word

See TAI JI, Page 3

INSIDE	
BANDSTAND	3
BIRTHDAYS	4
CALENDAR	B-7
EDITORIALS	2
FELLOWSHIP	B-6
LETTER	2
MARKETPLACE	B-3 - B-6
OBITUARIES	
SOCIETY	
SPORTS	B-1, B
TOP FORK	

我教太极的事迹上了青年镇的报纸

我怎么可能生气呢？我常常听到类似的话，但每一次依然还会觉得十分骄傲。杰克是我们地区出了名的老好人，我们有个邻居好几次都拿着自己做的蛋糕到我们餐馆售卖，而杰克总是用高价买下，我有次忍不住抱怨说：“你已经买过好几次他的高价蛋糕了！真的不应该再买了！”当时杰克没有回我的话，他保持了沉默，等几天后他才同我讲：“这个邻居经济条件不太好，现在我们的条件有所好转，也是得了周围人的捧场，所以应该要回报大家。我当然知道蛋糕买贵了，但我真的很想力所能及地帮助他。”杰克还定时去老人院帮助孤寡的老人们，有些老人可能因为病了很久，看上去难免脏兮兮的，有些表情呆滞得甚至有点儿吓人，但杰克从来不管这些，他敞开心扉地尊重和对待每一条生命，他的拥抱是那么真诚，那暖暖的温度让人依赖眷恋。我是杰克的另一半，我可以同他组成一个整体，这是多么幸运的事儿！

自从有了小梅后，我和杰克真正体会到了时光如梭的含义，眨眼的工夫一年就过去了，妈妈的签证到期，她又回了上海，我们不得不自己照顾梅。而接下去的日子就更如飞似的，小梅已经能说会走，餐馆的生意也越做越顺当，我们还接办了好几场外国人的婚宴。我和杰克都觉得通过比一般人更艰苦的努力，我们终于见到了改善物质条件的曙光，当然更重要的是，我们一家人在一起，我们的心在一起。看着小梅一天天健康快乐地成长，我感到生活正在往更好的方向伸展，这让我和杰克的心里都盛着满满的幸福，虽然每天从睁开眼睛起就得不停地忙碌，不是埋头在面团里就是穿梭在烟火缭绕的厨房里，即使在周末，我也是解下围兜顶着油滋滋的头发就钻到餐馆后面的教室里开始上太极课，杰克则得不停地穿梭于面包店和餐馆之间，招呼着两头的客人，而小梅，我只能把她放在教室的一角，保证她至少能在我的视线范围内。所幸梅很乖，总是笑眯眯地看我们打太

我和杰克一起参加红十字会捐款舞会

极，好像她也很感兴趣似的。

人气旺自然是好，但同时也带了一个小麻烦——我们没有足够的停车位，好多客人都向我反映，餐馆也因此流失了不少生意，长期这样下去肯定不是办法。我拼命动脑筋，可看看周围，唯一能动的就是我们自己住的房子，为此我纠结了很多天，我怕杰克不同意，脑子里盘算了好多个理由，打算尽量说服他。

好不容易鼓足勇气，我准备在“睡前小会议”上同杰克提出我大胆的想法。这小会议是罗伯斯特家的传统，就算再忙再累，我们也会抽出睡前的一点儿时间，交流彼此的想法，一起出谋划策解决当天的问题。我深呼吸了好几次，才把打算铲平房子做停车场的想法说了出来。

“亲爱的，做生意就得投资……”我记得好像用了这个理由，我还试图解释点儿什么，但没想到杰克听了马上回答：“可以啊，这是个好主意！”

是啊，杰克是我的英雄，他什么时候拒绝过我？事后想想，我真是瞎操心一场。说干就干，我们住的家里有很多东西，我和杰克只好马不停蹄地搬，就这样花了两三天时间匆匆搬了家。其实也算不上搬家，因为在美国铲平房子很贵，得找专业的工人开着推土机来，一番折腾需要大约五千美金的费用，等于忙活了一年好不容易攒的一点儿钱又全搭进去了，所以我们没有多余的钱去租房，只能和餐馆的几个员工一起挤在面包房的一间小办公室里。

施工那天的情景是我一生难忘的。当推土机伸出它强劲的大爪子把房子推倒的一瞬间，我和杰克的手紧紧握在一起。

这是我们梦开始的地方，是我和杰克一点一滴积累打造起来的，我们的家，我们的避风港。这屋子虽然陈旧、简陋，却承载着我们太多太美好的记忆，那是属于我们的整整七年……现在它被移为了平地，虽然是我的主意，虽然杰克没有拒绝，甚至没有丝毫的犹豫，但心痛却是真真实实无法避免的感受。我们只能紧

我们的房子被铲平成了停车场

紧握着彼此的手，我知道杰克正在通过指骨间的温度和力量告诉我："没关系，我们在哪儿，家就在哪儿，推土机推倒的只是一幢旧房子而已，一切都会好起来的！"我确信他在对我说这些，因为我也正在如此回应他。

自此，我们就开始了更为艰苦的生活。小办公室很简陋，本就又潮又冷的，暖气又常常失灵不好用，所以到了晚上实在很难入眠，加之小梅睡在我和杰克中间，我们俩得尽量保持拥她在怀的姿势才能保证她别受凉，而我的后背却是阵阵凉意，寒气就像针尖似的直往毛孔里扎，睡觉对我们来说不是休息，倒像是受罪。更糟糕的是面包房里没有厕所，想上就得走到餐厅后面的公共厕所，有时大半夜的我实在畏惧严寒，就憋着，憋到腿都不自觉地抖起来，最后还是得爬起来，抓起一件外套就夺门而出，一路捂着肚子小跑到厕所，解决完了再跑回来钻进被窝，这时的手脚已是冰冰凉了，我感觉自己的脸上都好像结了层霜似的，把神经都麻痹了。总之，这滋味非常不好受。所以后来一到晚上我就基本滴水不沾，就算渴得嘴唇都起皮了我也不敢大口喝水。我们也没有浴室，只好在公共厕所里临时装了个莲蓬，晚上洗澡和上厕所一样成了件让人心烦的苦差事，如果不想牙齿打架打得太厉害就得手脚麻利，认真遵循“三冲”原则——冲进去，冲一下，冲出来。

我们的家成了停车场之后，许多事我都不敢细想，偶尔也会困惑我们的境况为何如此不如意，但还好有杰克相伴，他倒是依然保持着乐观无比的心态，做着我最为称职的开心果，即使是再糟糕的事儿他也能寻找到一点儿乐子，比如每晚他洗好澡冲回来时总会大喊：“靠！冷死我了，冷死我了……”然后一边缩着肩膀快速将毛衣套在身上，一边自顾自地大笑起来，我看他的样子真是滑稽，也会跟着笑起来，最后连小梅也掺和进来，在一旁咯咯咯地笑，露出两三颗小小的门牙，非常可爱。

这是笑容神奇的功效，它为我们带来温暖，驱走寒冷，特别是和爱的人在一起大笑时，感觉就同守着壁炉坐在柔软的地毯上一样，幸福，满足，舒服得很想睡上一觉。

下坡路

因为杰克的好人缘，一直以来街坊邻里都很照顾我们面包店的生意，但也同样是因为他人好，总是本着“服务大家”的心态在经营，面包定价不高，去除成本几乎没有盈利，加上杰克只要听闻附近哪家有困难了，都要带着现烤的披萨面包去探望，所以面包店一直没赚到什么钱。我们辛苦守着这个家庭式的小作坊，没有任何所谓做餐饮生意的经验，开餐馆也就纯粹是凭着一股子的冲动和热情，之后的经营则是靠我们两双勤劳的手还有两颗不怕苦的心。但在生意场上，光有这些是远远不够的，所以中意餐馆在经历了一年多的顺境后渐渐显露出许多问题来，生意开始变得很不稳定。我们餐馆的市口并不是很好，喜新厌旧的顾客们又慢慢感到在这里寻不到新鲜，产生了倦意，自然有好些另觅他处去了。自助餐成本不低，我们又缺乏人员管理上的经验，所以常常出错，要知道我和杰克都不是会翻脸会骂人的老板，总想大家和睦相处，别闹得很难堪，所以遇上厨师有什么情况，我们只好一卷袖子自己上，可毕竟不是专业，因此流失的老顾客也不在少数。

有一次，餐馆刚开门就有一个老师带着一群学生进来吃饭，碰巧大厨身体不适，杰克又在面包房里忙着，这真是让我手忙脚乱。自助台上没有热菜，厨师得一道道做起来，我也撩起袖子开始埋头炸春卷，学生们不停地催，还点名要吃糖醋肉，厨房实在来不及做，我急得像热锅上的蚂蚁，最后不知怎的想到了麦当劳的麦乐鸡，我觉得那鸡块蘸着酸甜酱的味道和糖醋肉也没太大区别，就赶紧叫伙计开车去麦当劳买。上菜后，我祈祷着能蒙混过关，谁料结果学生们一眼就看出了端倪，嚷嚷着说以后再也不会来了。看着他们带着不满离去的背影，还有一口没动的鸡块，我郁闷得不得了，眼泪就在眼眶里打转。杰克知道后也觉得很困惑，轻拍着我的后背问："为什么我们把所有食物都准备好的时候没有客人来，最后全浪费了，我们没有准备充足的时候又挤进来一堆人？真是奇怪。"

我心里比杰克更觉得奇怪，也更忧虑。因为当初是我突发奇想要把住的房子铲平了变成停车场，而如今生意不但没有想象中那样更加兴旺，我们还反而落了个无家可归。我很自责，觉得对不起杰克，我怕自己做了个大大的错误的决定害了全家，所以我拼命地想办法，试图让情况能够好转起来，但结果都白费了，生意不比从前的热闹。屋漏却还偏逢连夜雨，负责管辖餐饮卫生的检察官挑了这时候来我们餐馆，他仔仔细细将餐馆里外检查了一番，最后十分严肃地提出我们用人工洗碗是不符合规定的，必须马上添置起码一台洗碗机，每次洗的时候还得放标准剂量的洗涤粉。

“我会再来检查的，如果你们还不改进，我就要处罚你们了！”

检察官丢下这句话走了，我却像泄了气的球，杰克也只能无奈地耸了耸肩。当初开张的时候就是为了省钱才没买，这会儿生意遇到些困难了却要我们去买个价格不菲的洗碗机，这不是雪上加霜吗？

“但总不能为了省钱去冒险吧？万一检察官罚我们关门大吉怎么办？”

杰克说得对，如果那样岂不是直接完蛋了？没办法，我们只好硬着头皮抠出仅剩的那一点儿钱再去淘了个二手货。餐馆得继续营业，那是我和杰克的心血，但贷款却依然每月要还，我只好到处拜托朋友，有什么能赚钱的活都可以介绍给我。

很快我就收到朋友的消息，说纽约有批绸质的运动服打算转手，我和杰克商量后决定马上动身。到了纽约后，我和杰克根本没钱住宾馆，只好拜托对方让我们住在地下室的仓库里。那儿的环境用脏乱差来形容一点儿也不为过，但我们咬牙住了三天，一直以礼相待和我们谈生意的每个人，用诚恳去打动他们，最后我们成功了，对方非常信任我和杰克，在了解了我们的情况后还十分爽快地答应先把货全部给我们，等卖掉后再把钱还他。

我们把货带回青年镇后就开始各处打听，然后疯狂地参加各种展销会，同时也不放弃餐馆和面包店的运营，除了请杰克的家人来搭把手帮忙外，我和杰克也常常是两头奔波，两头兼顾，忙得昏天黑地。小梅又还需要人照顾，我只好把她带到展销会现场，没地方安置就拿个装货的纸箱将顶上的纸板撕掉把她“装”进去，然后放在展销柜下面。这样看上去真的很可怜，但至少安全，就算我再忙，小梅也不会离开我的视线。梅非常乖，不哭也不闹，两只小手扶着纸箱的边缘，左摇右晃地站着，只要我低头看她，她就朝我笑，站累了就躺在箱子里睡觉。她还只是个两岁多一点儿的小婴儿，怎么能像个小大人似的仿佛能理解大人的辛苦？我和杰克总在深夜里感叹这件事儿，最后得出结论，小梅绝对是遗传了爸爸的乐观！这一点真是让我非常骄傲和欣慰。

皇天不负有心人，忙活了整整两周后，我们带回来的运动服统统卖光了！我和杰克忍不住击掌庆贺，他还在小梅脸上一阵乱亲，叫唤着：“我们的梅真是颗幸运星！”

一刻也不敢耽搁，我们赶紧把赊着的货款还给了卖货给我们的那位老板，他还特意复了个电话给我们，称赞我们是“最勤劳和诚信的夫妻”，他相信“我们总有一天会成功的”。

我也这么相信着，但眼前的困境却也是明晃晃地存在着，银行的贷款不能不按时还上，可餐馆依然在走下坡路，没有什么盈利，虽然我和杰克不停在另想法子靠其他途径挣点钱，但远水终究解不得近渴，挣钱的速度始终赶不上要还银行的。当时我真觉得没辙了，为了还贷款，我只好开始变卖身边

杰克家的古董制酒器

仅存的一些值钱的东西。我先把杰克爸爸留给他的古董——一只木质的意大利制酒器给卖了，直到多年后，杰克的姐妹还会拿这事开玩笑，说我把罗伯斯特家的传家宝给卖了。可卖掉“传家宝”的钱也没能支撑多久，要知道我们有一家餐馆一家面包店要顶着，还有几个员工要养活，我和杰克快愁白头了。正好那时杰克的一个朋友送了他一只波斯猫，真的非常可爱，但没办法，我们必须卖掉它拿钱来救救急。我把猫的简介和照片登在报纸上，很快就以400美元的价格转手了，也是很多年后，我才知道这只波斯猫是非常名贵的品种，还在美国的宠物比赛上得过大奖。

那段时间真的过得辛苦又狼狈，我基本上是看到什么值钱的就拿去卖掉，手里攥着变卖家当得来的钱，心里却是阵阵辛酸。我觉得很对不起原本安稳的家庭，对不起杰克，开餐馆也好，铲平房子也好，都是我的主意，可杰克不但没有丝毫地责怪我，反而对我愈加温柔和爱护。有一天，杰克的朋友来看我们，在得知了我们的居住情况后悄悄地问他：“你们为什么要把住的房子给铲平了？”杰克马上朝他的朋友眨了下眼睛，让他别再说下去，他轻轻在朋友耳边说：“你不要再提这件事，房子算不上什么，小波才是最重要的，我不想她不开心。”他们以为我在准备茶点，其实我都听到了，我心里很不是滋味，杰克越是考虑、迁就我的心情，我越是觉得内疚。

但日子还是得坚持过下去，按杰克的“生活哲学”还得快乐地过，就算天塌下来也要笑着顶，好在也确有件值得开心的事儿。难熬的冬天总算过去，天气一天比一天暖和起来，面包店的小办公室也没有那么“恐怖”了，晚上我们一家三口好歹能睡个不挨冻的安稳觉。除了床就几乎没有一件家具和家用品的小房间，我们用爱来装点，用笑声来营造家的氛围。

很快就到了初夏六月，本该是热烈洋溢的季节，谁想我们却收到了从上海传来的惊人噩耗……爸爸，去世了……我真的无法相信自己的耳朵！我控制不了地尖叫大哭起来，饭店里的客人们都被我吓坏了，原本的嘈杂顿时变为鸦雀无声，我想要握紧电话听筒却感觉怎么也使不上力气……我感到悲痛欲绝，只想赶紧飞回去送爸爸最后一程，杰克当然也和我一样伤心，但我们没有足够的钱买来回机票，身上又还撂着一摊子的烦心事。“这次就算借钱我们也该回去！”我痛苦地跟杰克说，杰克没有反对，倒是妈妈坚持叫我别回去，“人死不能复生，你兴师动众赶回来作甚，有这份心就行了，你爸爸在天上会知道的。”她是这么说，可我心里明白，妈妈是因为知道在美国没人会轻易向别人借钱，也没有人会轻易借钱给别人，要借都是去向银行借。妈妈不想我触碰这个禁区，搞得亲朋好友间十分尴尬。妈妈还告诉我，爸爸临终前曾提过愿意将骨灰撒到海里去，但我不同意，“爸爸的骨灰一定要放在墓园里，这样才算有个归宿，将来我们也可以有个地方去祭拜他。”

爸爸走了，我却不能见他最后一面，这件事一直缠绕在心头，使我辗转难眠，完全陷入悲痛中。我坚持不管怎样先得在美国祭拜爸爸，哪怕只是一个形式，对我来说也是顶顶要紧的。我们自己实在没个像样的地方，只好在杰克爸妈家里临时设了个灵堂。杰克自然知道我的心事，他的心里又何尝不是五味杂陈，他也不多说什么，只是好几日都陪着我忙碌，一起准备追思会的事情，并在我脆弱的时候用有力的手掌撑住我的脊梁骨，让我别倒下来。追思会那天，杰克最亲密的家人和我的一些中国朋友都来了，他们遵从了中国的传统在手臂上戴了黑纱以示哀悼。我当然感恩杰克还有他家人为我做的一切，但最让我意外和感动的是，杰克竟默默为父亲写了悼念词，并神情悲伤地念了悼词内容：

“我亲爱的父亲黄彬琳，我会非常想念您。我爱您就如同爱我亲生父亲一样，我感到和您之间从未有过距离，岳母和小波都说我们彼此间有种特殊的爱，

右起：好友陈天仁、王宜伦

那是一种超越年龄和语言界限的爱。您的人格、品质都深深刻在我心中，我的每一位家人也对您留下了深刻的好印象。

“您在美国时，我希望自己能像您真正的家人那样关心您，照顾您，而当我这么做时，您表现出对我的欣赏并给予了我极大的回馈。在此，我要感谢您所给我的爱与信任，以及对我们事业上的提点和建议。

“我会在心中永远地怀念您，也祈祷您在天之灵能够得以安息。

“谨以诗篇第23章献给您：

“耶和华是我的牧者，我必不至缺乏。

“他使我躺卧在青草地上，领我在可安歇的水边。

“他使我的灵魂苏醒，为自己的名引导我走义路。

“我虽然行过死荫的幽谷，也不怕遭害。因为你黄彬琳同在。

“我爱您且思念您，

“您的女婿，

“爱您的杰克

1993年6月5日”

杰克在大洋彼岸用最真挚的心缅怀爸爸，我想爸爸在天之灵一定得到告慰了。但我依然归心似箭，爸爸的突然离世如当头一棒，更令我悲痛的是，仅仅过了六个月，我最爱的奶奶也过世了，亲人们的离开让我意识到自己来美国已经八年，我离家整整八年了。这么多年，我何尝不想家，只是婚后为生计的奔波忙碌填满了我的时间，经济上的拮据也让我没法考虑回家的事。我当然知道自己已是非常幸运了，独自在这陌生的国度却能找到温暖心灵的伴侣，但上海也是我的家，生养我的地方，我的家人都在那儿，我很想念他们。杰克理解我的心情，他也很想陪我回去，去安抚妈妈的悲伤，去看看我的家人们，看看我成长的地方，上海对他来说，是个陌生却又充满温暖的地方。

我们开始了非常有目的性的挣钱、攒钱计划，那三个多月里真的是哪里有钱赚我们就往哪里钻，除了继续经营餐馆、面包店还有太极班之外，我和杰克还兼做进出口、展销会的活儿，实际上就是谁需要什么小玩意儿我就想方设法去进，哪里有急着卖的货我们就东奔西跑去卖。多年后想起这段日子，自己都觉得神奇，真不知是怎么挺过来的，每天就像打了鸡血一样不停地忙碌，心里只有一个念头：回家看看。

终于，在秋天，我们定了下了回沪的时间。临行前一晚，我兴奋地毫无睡意，跟杰克抢着收束行李，结果我一人整理了一家子的行李箱，足足有六个之多。第二天，我们一家三口坐上了飞机，一路上，我的心都悬着，坐立难安。八年了，上海不知变成了什么样？家里不知变成了什么样？我的兄弟姐妹们不知变成了什么样？而我自己的生活又何尝不是意外连连，故事不断？八年了，一定有太多的变化。我的心情用百感交集形容都不足够，杰克一直紧握着我的手，叫我放宽心，笑我是太激动了，其实他自己也是兴奋得不行吧，手心里一直突突冒着汗，这可是他第一次去中国，不知道我家里人看到人高马大、高鼻梁抠眼睛的他会是什么样的反应，大概会觉得很滑稽吧！

飞行的时间真是无比漫长，我不停在问还剩多久能到，可每次的答案都让人失望，我怀疑在天上的一分钟能抵地面上的十分钟，最后敌不过熬人的时间，我们都昏昏欲睡了。

当飞机着陆时，有一记明显的震荡感，我的心也跟着一起上扬然后落到原本的位置。我们，回来了。杰克抱着小梅，我拖着随身的行李，走出机舱时，有些湿黏的空气将我们团团包裹住，我深吸了一口，是我熟悉的，上海特有的味道。我的双脚踏在了故乡的土地上，历经了八年时间，却没有丝毫的生疏感，我和我最爱的丈夫、女儿以及即将见面的家人们一同站在这片土地上，我感到踏实、安全，感到幸福，还有那么一点儿骄傲。

出关后，我踮着脚尖寻寻觅觅，终于在人群里看到了妈妈的脸，拉着杰克便冲了过去，没想到在妈妈身边是我一大家子的亲人们！他们竟集体出动来迎接我和杰克，这让我们太感动了！久违的想念，热闹的寒暄，中国的握手传统，西方的拥抱礼仪……一切都美好得难以言喻。不过在那时的上海，美国人还是很稀奇的，平时不多见，所以我的家人们都在含蓄地偷瞄杰克，一边上下打量，一边交头接耳，还不时地偷笑。我就猜到他们会觉得杰克这个美国佬很有意思，况且他还是个染了一头柏油色黑发，坚持用中文喊出每个人的名字，同他们打招呼的有趣美国人，他那蹩脚滑稽的中文每次一出口便引得大家哄堂大笑。

上车前，我那可爱的姐姐小琳在我耳朵边说：“你们家杰克的拥抱能让我的眼泪都掉下来。”听到这句话，我很开心，也很安心，人与人之间只要心怀善意，真诚以待，文化差异也好，语言障碍也好，都不会是问题。爱能改变一切，爱正改变着一切，这是杰克身体力行告诉我的，我知道他也同样可以使其他人看到并且相信这份美好。果然，上车后，笑声不断，杰克大呼“中国万岁！”，使我们全家热血沸腾了。

我们没有多余的钱住宾馆，就一起挤在小琳家。那时上海的居住条件都不好，本就不宽敞的房间里一下再多出我们三口人，真是感觉转身都有点儿困难。杰克这个美国佬又人高马大的，所以一时肯定难以习惯，但不管谁问他，他总是笑嘻嘻地说：“很好很好！”

晚上我们睡在棕绑床上，杰克翻来覆去地睡不着，我问他：“是不是床太硬了？”

他就跟我开玩笑，在我耳朵旁悄悄说：“我知道中国人为什么功夫那么好了，因为你们连晚上睡觉都在练功！”

我笑着拍了他几下，还用上海话骂他“十三点”，这句他能听得懂，我们俩就闷在被子里一起笑。

第二天小琳的婆婆为了宴请我们，用煤球炉烧了整整两桌子菜，杰克从来没看到过煤球炉，也没法想象做饭怎么会如此辛苦麻烦，所以特别感动，总是敞开双臂去拥抱小琳和她婆婆。要知道这种表达方式在当时十分传统的中国人看来实在太过热烈，特别是小琳的婆婆，简直是手足无措，总是害羞地笑着，一边连连摆手一边躲到别人身后，整个场面看起来有趣极了，好像在玩老鹰抓小鸡一样。

我把从美国二手店淘来的衣服鞋子作为礼物分送给家人，他们都很喜欢，说有机会让我再帮他们买一些类似的，我实在不好意思告诉他们这些衣物其实都是二手的，买不到类似的了，直到很多年后我才同他们“坦白”这件事儿。

之后，我们和小琳、周晴一道去了城隍庙。杰克对中国的小玩意儿很感兴趣，像个小孩似的不停问：“这是什么呀？”“这个怎么玩啊？”他吵着要买回美国去跟家人朋友们炫耀，还买了一个蛇皮袋用来装东西。小琳大喊受不了杰克，拎个那么土的包还走得昂首挺胸，杰克知道后就故意一手提着蛇皮袋，一手去挽小琳的手臂，小琳边笑着要挣脱，边嚷嚷：“难看死了！”可杰克不管，偏要和她走在一起，还得意地说：“你看，到最后你还是要和拎土包的人待在一起。”

小琳性格开朗，同杰克特别投缘，两个人明明鸡同鸭讲，却可以漫无目的地一直胡侃下去。小琳告诉杰克她准备去割双眼皮，杰克羡慕得不得了，一直跑来问我：“小波，我可以和小琳一起去整容吗？我想去掉我的眼袋！”我只好一再回答他：“不可以！”这种要上手术台、在身上动刀子的事儿我怎么可能答应他，我肯定是要担心死的。杰克就装哭，像个小婴儿似的，还弯腰把脑袋搁在我的脖颈上蹭来蹭去。

在城隍庙合影，左一：三姐黄小琳；右一：外甥女周晴

“让我去嘛，求求你了……”

“不行，绝对不可以！”我板起脸来很严肃地说，杰克只好撅着嘴走开了。

短暂的欢聚后，我们便同家人一起去了莘庄墓园，这是我们此行最重要的目的，我要好好看看爸爸，我带着他最爱的女婿杰克一道陪他说会儿话。

到了爸爸的墓前，我的眼泪一下便夺眶而出，我“扑通”跪下，为自己来晚了向爸爸深深忏悔。杰克也遵循了中国的传统，跪在我身边，为爸爸祈祷。

“爸爸，不知你在天堂还抽烟吗？”

杰克依然为爸爸的坏习惯担心着，他还将自己最喜爱的银色小狗钥匙圈送给了爸爸，以纪念他们一起去看美国狗展的快乐日子。

“我们都很想念你！愿你在天堂能安息。”

我们在墓地跪了很久，直到家人劝慰着将我们扶起。回到小琳家后，我感到心里压着许久的一块大石总算落地了。没过几天，我们就启程回美国了，家人们自然依依不舍地挽留，但没办法，我们的时间和旅费都有限，在美国还有很多未完成的工作，八年间发生的点滴也不是几天几夜能说清楚道明白的。我见到了最亲的人，知道他们各自过着幸福平静的生活，我最亲的人也见到了杰克，了解了我在异国的生活，他们都非常安心，有这些收获我已经很满足了。还有爸爸，我知道他在天堂一定会继续祝福、守护着我们每一个人。

有爱，不怕

回到家我们就马不停蹄地开始工作，邻居们都和杰克开玩笑，说“想死你和你的披萨了”。另外还有件要紧事，小梅已经到了上幼儿园的年龄，我们得准备起来。接送的活儿肯定是杰克负责，我其实一直想学开车，但杰克坚决不同意，他说“小波你要是一个人开车出去，我就要担心得没法做任何事了”，所以结婚七年，都是杰克做我24小时待命的专职司机，他最爱在出发前朝我耍酷地敬个礼，然后像士兵一样说：“很愿意为您效劳！”他还特意为我去换了一辆二手面包车，虽然破破旧旧的，但空间很大，我可以把两只脚高高跷起，就像坐在自家客厅的沙发上那样放松、舒服。直到一年后，也就是我来美的第九个年头，因为工作关系，加上在美国不会开车就等于没了腿脚，杰克才不得不同意让我学车。

小梅第一天上幼儿园，我和杰克早早就起床了，看着还在甜甜酣睡的梅，我们都笑话彼此太紧张，还不如三岁的娃娃。出发前，杰克趴在地上，亲自为梅穿上新买的鞋子，然后把腰弯到几乎90度，牵着走起路来还有点儿跌跌撞撞的小梅，最后把她抱进车里，护送她去幼儿园。当时我真的没想到这一送就是整整15年，风雨无阻，竟一次也没有间断过。后来有了校车，杰克还是舍不得梅在家门口等着，经常接送小梅，说他喜欢开车送小梅的感觉。

我还记得后来幼儿园组织的亲子日，杰克为此真是动足脑筋，想了好几天，还拖着琪琪帮忙，一副神神秘秘的样子，我都不知道他究竟要给小梅什么惊喜。到了亲子日那天，忽然出现了一只紫色的大恐龙，是当时美国很火的一部卡通片里的人物，叫邦妮(Barney)，这只恐龙走向梅要去拥抱她，小梅紧张得拽着我的小腿拼命往我身后躲。我知道这肯定是杰克搞的鬼，我笑着将梅拉到身前来。

“小梅，这是邦妮啊，你不是最喜欢他了吗？”

梅还是一脸茫然的样子，呆呆地站在原地，“邦妮”倒是积极得很，马上单膝跪地，两只手温柔地扶住梅的小胳膊，还让幼儿园老师拍照定格了这一瞬间。“咔嚓”声后，“邦妮”摘下了头套，恢复了杰克的真面目，朝小梅眯着眼睛大笑。

"怎么会突然有只大恐龙呀？"

"爸爸！"小梅恍然大悟，跟着杰克一起咯咯地笑，两个人像傻子一样笑了很久，连一旁的老师都莫名其妙被逗笑了，不停夸赞杰克："真是个好爸爸！"

看着小梅一天天健康快乐地长大，我和杰克自然欣喜得很，但同时，我们的心头上还有一块挥之不去的乌云——餐馆的生意依旧是不温不火，为此我和杰克每天都要在"睡前会议"上讨论、商量对策。

我想起曾在电影里看到有餐厅请了乐队来助兴，顾客们一边跟着摇头晃脑，一边大快朵颐，我感觉这招可能有用，杰克也表示同意，所以我们又横了心花钱请来了乐队在晚上表演。原是想以此招揽生意，让食客们尽兴，却没想到结果适得其反，很多人都板着脸说"吵死了"。

我和杰克都开始对餐馆的生意感到越来越失望，一到月底更是心烦意乱，因为发完员工工资后，我们几乎赚不到任何钱，很多时候我们还得拿面包店、太极班甚至是在外面做零活挣来的钱贴进去，这还不算最坏的，好几次我们是连贷款都还不上。当时是赚多少存多少，然后到了规定的日子银行就会自动扣钱，所以我们常常是一天要跑几次银行，赚到一点现金就拿去存起来，然后不断打电话给银行，问还剩多少存款，每次都紧张得要命，就怕听到比贷款额小的数字。生意

有爱，不怕

落到最谷底时，我们也实在没法子了，只好向银行开了几次空头支票。

整整两年的时间我们都处在这种入不敷出的糟糕境地，我觉得坏运气就像侵入细胞的病毒，不停折腾破坏不说，还动作迅猛，传播力极强，最后就是搞得霉运连连，应接不暇。比如“中意”的生意，也不知道怎么的，就是一天比一天更加清淡，这还不够，青年镇漫长严酷的冬季还要来凑热闹，总是刚走了又来的感觉，我们长期住在又冷又潮的面包店小办公室里，从经济上来讲，我们的日子真的过得很艰苦。

虽然苦苦支撑，但到最后我们欠了银行太多钱，再也维持不下去了，当时我和杰克都觉得是尝到了走投无路的滋味，耗下去情况只会更糟，小梅已经快六岁了，我们不能不为她考虑。那几晚，我和杰克都无法入眠，却也不知说什么好，只是手拉着手安静地等待天亮。

我清楚地记得，是在96年的盛夏，我和杰克终于面对现实，我们在餐馆的饭桌上开了一个气氛凝重的会议，并做了一个痛苦的决定——把我们所有的生意连同仅剩的房子一起卖掉。

那晚，可以说是我第一次看到了另一面的杰克。他不再将眼睛弯成两轮好看的月亮，不再说笑话逗我开心，他伤心了，愤怒了。他一声不吭，站在厨房的银色水池前，水流哗哗地坠下，池子旁叠着一摞摞的碗盆，他也无意清洗，只是那样呆站着，望着他的背影，我觉得自己的心脏就像一条正在被绞着的毛巾，但滴出来的不是水，而是泪，是血。整个空气都被凝结了，我仿佛能听见杰克心里奔腾着的喘息声，能听见自己的心如玻璃般一道道碎开的声音，还能听见时间一秒一秒流逝的声音，我忍不住倒抽了一口冷气，我不知道接下来的一秒会发生什么事，但预感告诉我，那一定是场骤风暴雨……果然，一记强烈又尖锐的瓷器破碎声深深刺激了我的耳膜和心脏，杰克开始狠狠地摔碗摔盆子。他将手边的器具紧紧捏在手里，指甲里、骨节处都褪去了原本滋润的红色，转而泛出凄厉的白光，我清晰看到他的手在发抖，他将手臂高高抬起再狠狠放下，一阵又一阵碎裂声让我心惊胆战，不知所措，我的两条手臂僵硬地垂在身体旁，手掌紧紧握成拳头状，腿却像古装片里被点了穴似的无法挪动，我只能眼睁睁看着杰克将一只只碗、一个个盆子摔得粉粉碎，任凭眼泪肆意地夺眶而出。终于，杰克开口说话了，他愤怒地咆哮道："我再也不要碰这些东西了！我再也不要开餐馆了！太糟糕了！我们那么辛苦却根本赚不到钱！"

是啊，这么多年了，我们俩起早贪黑，每一天、每一分钟都在辛勤地工作，可幸运之神却迟迟不眷顾我们，我也百思不得其解，很气，很怨，甚至绝望。但每当郁闷时，我看看杰克，看看小梅，耳边是他俩像极了的欢笑声，我就想，幸运之神其实早早就已眷顾了我们，不管怎样，我们还有彼此，我们的心里依然装着满满的爱，我们还能笑，还能歌唱，还有感知幸福的能力，这才是世上最最弥足珍贵的不是吗？看看周围，也不是没有腰缠满贯的富人，他们衣食无忧，光鲜亮丽，不会知道还不上贷款时的焦急烦躁，也不会知道冬天里没有暖气的瑟瑟寒意，但可惜的是，他们大多过着分分秒秒都在算计的生活，有的连生命里至亲的人也要提防，他们无法享受在每天的"睡前会议"上夫妻俩各自报着流水账，无话不谈，一起解决问题时的那份安全感，亦难以感受到一家三口依偎在一起，夫妻手牵着手入睡，心里只有彼此的那份温暖，那是心的温度，是一种只要我们在一起，就会有家的信念，它可以融化一切烦恼，抵御一切困难，想来其实那些"富"人的辛苦才是真正让人疲惫心寒的。

我松开拳头，抬起手抹掉了眼泪，没什么好哭的，我们拥有的财富是很多人日思夜想也求不来的，如若我们还哭，那天底下到处都要是伤心人了。我轻轻地走到杰克身后，拍了拍他宽厚的肩膀，“现实的确让人伤心，但我们还会继续努力，所以不要担心，一切都会好起来的！我保证。”我能感觉到杰克的肌肉正在一点点地放松，他的肩膀不再那样紧张地耸起，而是慢慢地垂了下来。厨房里又恢复了宁静，但不同于之前的，那是骤雨结束后真正的安静，就如同我和杰克的心，已然得到了安慰，并由爱连结着彼此给彼此充电，满格后我们会继续肩并肩，坚强地面对一切。因为，我们都相信，有爱，不怕。

很快我们便将要转手生意和房子的消息登在了报纸上，然后平静地等待将要接手我们心血的人出现。没多久，一对母子带着报纸从纽约赶来，说他们有意出钱购买，但得先留下观察观察情况。杰克爽快地答应了，在面包店里硬加了两张床铺，请他们住下，还免费供他们吃喝。

每天这母子俩都会守在餐馆后门的窗前，仔细地看客流量，还用笔都记下来，搞得我和杰克都非常紧张。

“要是每天都有很多客人来吃饭的话，我们也不用卖掉餐馆了。”我在“睡前会议”上嘟囔。

“我觉得我们得想个办法……”

第二天，我们就实施了晚上商量好的办法——把所有杰克的亲朋好友都请来扮演顾客，就这样，我们请大家连同那对母子一起白吃白喝了好几天，我知道这是在冒险，杰克也说这次真是有种孤注一掷的感觉，但没办法，当时的情况我们只能硬着头皮这样做，看到那对母子因生意不错而频频点头微笑时，我们也算是松了一口气。

熬了整整一个星期，母子俩终于开口说愿意掏钱买，我们悬在半空许久的心总算落地了，我怕事情有变还再三关照杰克，这次千万要管住嘴巴，不该说的话就别说，玩笑也不能乱开，杰克认真地点头。所以最后两天，我们真是过得心惊肉跳，说话做事都非常小心翼翼，生怕露出什么马脚，我和杰克每晚都手牵手小声地互相安慰，“挺过这几天就好了！”可谁想到，就在要签合同的最后关头，那对母子竟反悔说不买了！生意没谈成，还搭上了请人白吃白住的钱，想到这我就气得睡不着觉，如鲠在喉，竟干咳了一夜，杰克温柔地拍拍我说：“我们已经尽了最大的努力，实在不行也是没办法的事。”

再后来，又来了个美国中年男子，他一边看我们的餐馆，一边说：“你们这个房子风水很不好，招不了财。”杰克听了居然还大笑，我不停朝他眨眼睛他也没反应，最后那个美国人也不愿买，摇摇头走了。

真是没想到，我们几年的心血不但没收获，现在竟连卖都卖不掉。为了尽快摆脱银行的贷款，还是在那张餐桌上，我们再次做了一个决定——拍卖一切，先是炊具、餐具等等所有能用的器具，再是桌椅板凳，最后是房子。

拍卖那天的场景我此生难忘。我和杰克花了很多天，很多心思，亲自从报上、从二手店里淘来的灶头、水池、洗碗机，锅碗瓢盆……都一件件被挂上牌子当场进行拍卖，最后连空空如也的餐馆和面包店也不能幸免，买家们对这一切都毫无感情，只是根据各自的需求冷静地叫着价，那种难过不是言语可以形容的。

那天唯一剩下面包店没有卖掉，因为太没商业价值所以没人要，过了好一阵才被一个叫大卫（David）的人买下，再后来又听说转手给了一个医生，最后卖给了一家电话公司，他们将面包店铲平做了停车场……还记得是在九年前，我第一次看到这个面包店，那是一间年久失修的平房，原本白色的木质外墙泛出了浅灰色，房顶边缘也都已破损了，房外竖着几块牌子，最顶上那块写着“杰克的面包屋——家庭式风格”……时光丢下我们匆匆而去，最为留恋不舍、有着太多或美好或艰辛记忆的“杰克面包屋”就这样不复存在了……

把家当卖了个精光后，我们一家三口只能搬到了杰克妈妈家暂住，随身就带了一个电视机、一个钟，还有些简单的日用品，看上去和逃难没有两样，但我和杰克还有信心，我们一定可以重头再来的。

眼下最要紧的是得先找到安身立命之处，可拍卖得来的钱还了贷款后所剩无几，我和杰克又去了很多家银行申请贷款，可都没有被批准，最后真是走投无路了，我只能是硬着头皮去跟刚认识不久的郑百洲医生（Dr.Pek）借。郑医生和他的太太芝华（Jyhwa）真的是一对非常善良仗义的夫妇，他们二话没说就答应借钱给我们，要知道在美国就连亲戚间也很少有借钱的事，要借都是向银行抵押贷款，美国人流行一种说法——借出去的钱就等于是送给别人了，不要再想着收回来。所以郑医生夫妇在我们最困难时毫不犹豫帮助我们的善举深深感动了我和杰克，我们都暗下决心，要向他们学习，以后更竭尽所能地帮助身边朋友！

拿着借来的钱，我们开始到处找便宜的房子，最后在一条僻静的马路旁找到了间旧房子，也没有条件犹豫，就立即买下了。有了落脚处，我和杰克总算能再次投入到工作中，我们商量着把房子的一楼租出去，我们一家三口就住在二楼的房间里，这样至少能保证一笔租金。另外我还想把汽车房利用起来，我们的车子已经很破旧了，随便停在路边就好，占个地方实在是浪费。至于太极课还是得找个地方继续开下去，好不容易坚持了那么些年，有了一批固定的学员，大家都已经成了好朋友，放弃了

郑百洲医生和太太陈芝华

杰克在显摆他的肌肉

实在可惜。

确定了想法之后，我和杰克就立刻行动了。我们先把招租广告登在了报纸上，还另外写了份贴在一楼的玻璃窗上。没过多久，一个做按摩生意的人把一楼租了下来。拿到租金后，我从一个做服装进出口的朋友那儿进了一批中国的衣服，然后同杰克去买了涂料，把汽车房重新粉刷了一遍，找了两块棕色木板，用白色油漆写了“小梅时装店”几个字，汽车房就这样算是改成了服装店。杰克还找来了几个在美国工钱较便宜的阿米希人（Amish），帮助他一起在屋后加盖了间平房作太极教室，算下来要比去外头租划算很多，但人也累得够呛，顶着最毒辣的太阳又是扛木头又是铺屋顶，一天下来不知要扶着梯子爬上爬下多少趟。到了晚上，杰克脱去背心，但看上去就跟没脱一样，因为整个上身就穿着背心的那块是还算正常的肤色，其余地方统统被晒得发红发黑，皮都蜕了好几层。我心疼得要命，杰克却要酷做起展示肌肉的动作，还一个劲儿地问我“帅不帅？”“有没有被电到？”真是让人哭笑不得。

忙活了好一阵，我们的生活总算可以重新开始了。

“白雪公主的小屋”

尝试

除了服装店和太极班外，我和杰克还动脑筋开拓了一些新业务，我去淘了架二手钢琴放在教室里，并把平时晚上的时间段卖给了一个钢琴老师和一个舞蹈老师，他们就用我的地方开班授课，我让小梅也跟着一起学，女孩子学点琴棋书画方面的东西对培育修养、陶冶情操都有益处。同时我又受聘去了青年镇州立大学当业余中文课的老师，杰克则做起了司机，来回接送客人去医院或飞机场。

另外，我们照旧接受了老人院和修道院的邀请，抽空免费去教太极。在老人院，我们还兼职做义工，每月都要去一次，言传不如身教，所以我们会把小梅也带上。到了那儿，我们得先把老人们从病房中一个个推出来，让他们坐在轮椅上围成一圈，然后小梅给他们弹琴，杰克给他们唱歌布道，主要是告诉他们上

我正在教老人们“轮椅太极”

帝关爱众人，所以要对生活充满信心。

依然是每天都在忙碌，依然是欠着许多债，虽然摆脱了面包店的小办公室和公共厕所，但我们的生活空间依然被压缩到只有一个卧室，房顶是一层薄薄的木板，根本阻隔不了盛夏的烈日，暴晒一天之后，整个房间活脱脱就是个大烤箱，真能把人给热死。可杰克却爱称这房子是“白雪公主的小屋”，就因为房子的外墙是米白色……每晚，他总是一边帮我按摩，一边叫我“皇后”，还说自己就是“国王”，梅是小公主。我抹着汗心想：不知道有没有被热死的国王和皇后？

好不容易捱到了凉爽的秋季，本以为能真正安定下来了，却没想到我们又一次被迫搬了家。那时杰克的妈妈已经85岁高龄了，身体还有行动力各方面都越来越不如意，实在不宜独居，杰克就自告奋勇地提出和妈妈一起住，便于照顾她，我自然表示同意，于是收拾了些衣物就匆匆搬了过去，一住便是五年，一直照顾到老人临终。

五年里，我们都是一早出门，赶到“白雪公主的小屋”干活，妈妈就由琪琪、乔安娜还有泰瑞照顾，她们都住在妈妈家隔壁，中午或下午杰克会抽空回去一趟，看看她，照顾一下她的饮食，到了晚上我们去学校接好小梅再一道回妈妈家。杰克是个孝子，有时半夜里听见妈妈的咳嗽声，他就紧张地爬起来去照看她，我跟他开玩笑说，你再这样下去可要比你妈妈先得心脏病了。

记得刚搬去的时候，杰克妈妈就告诉我，她不是一个难搞的婆婆，我也告诉

杰克和他妈妈

她，我不是一个难搞的媳妇。而后的生活中，我们俩从未有过任何的争吵，我还称我的婆婆为“天使”，因为她的脸上也常常挂着慈祥的笑容。我们一直住在客房里，房间很小，只有一个橱，里面放的都是妈妈的衣物，起初我们自己想了办法克服，但一年过去，东西堆得到处都是，实在是没法弄了，我怕妈妈误会，就让杰克去同她说，这之后妈妈将衣橱腾空了，我们才有地方放东西。

在和婆婆住同一屋檐下前，我一直是和杰克过“二人世界”，所以很多习惯已经养成了，然而杰克妈妈的个性却是细小到一只碗、一件衣服，她放在这里，你不小心挪了一下也是不行的。她不会干涉我们的生活，但也同样不许我们去干涉她一丁点儿，所以大大咧咧的我同老人家住在一起真的是比较没有自由，但只要一想到杰克是怎样对待我父母的，便也就毫不犹豫地选择了忍耐，调节自己去适应老人家。当时，有很多朋友都同我说“小波，你真不容易”，我倒觉得这也没什么，都是我应该做的。

当然最大的安慰和力量还是来自于杰克，这点我真的很佩服他！他其实并没有很高的学历，但我一直觉得他是个很厉害的心理学专家。我从不会和杰克的家人发生正面冲突，但偶尔还是会同他吹些“枕边风”，小抱怨一下，比如每天早上六点我都会准时被琪琪吵醒，她就住在妈妈隔壁，所以总是一早就过来抽烟喝咖啡，很大声地说话。可每次我都还没告完状呢，杰克就很激动地说：“那是不对的，我现在就打电话去骂她们！”然后就真的拎起电话来，他这样反倒弄得我很不好意思，只好把电话抢过来说：“算了算了。”事后，杰克还会找个恰当的时机安抚我的情绪。

“小波，你看看我们周围就会发现这世上真的没有完美之人，除了你，但上帝造好你之后就把模具扔掉了，所以其他人多少都会有点瑕疵怪癖，这是没有办法改变的，但他们本质上都是好人。”

杰克都这么说了，我自然更不会表露出不满甚至去吵架了。其实我心里也很清楚，吵架就是个无底洞，只要一起头就没完没了了，那是一种会上瘾的恶习，所以这么多年来，我从没同任何一个人恶言相向过，更别说是我和杰克了。而且仔细想想，大家住在一起也有很多好处和开心的事，比如我曾说过自己小时候放学回家，家里没吃的东西，我饿得要命，其实后来我早忘了，但琪琪她们却记下了，总是在小梅放学回家前准备好一堆吃的喝的。还有每天早上，杰克妈妈和杰克都抢着为小梅做早饭，这样我就能多睡一会儿。类似的事情还有很多，都让我非常感动。

很快又到了圣诞季，我和杰克正筹划着要去凯瑟琳和麦德伦这对老姐妹家唱歌送礼物。她们俩可是圣诞老人的狂热粉丝，会专门请工人来家里装饰各种大小不一、形态各异的圣诞老人，最后更是要向朋友们隆重推出真正的圣诞老人——杰克，所以每年圣诞去她们家已是一个传统。平时我们也常来常往的，虽然这几

老姐妹和我们亲如一家

年经历了很多事，但我们彼此之间亲密的默契却从未改变过，凯瑟琳和麦德伦就是我和杰克的妈妈、梅的奶奶，自89年与她们相识后，我们也是一点一滴义务地担负起照顾这对孤寡老人的责任。

可谁想到就在临近节日时的一天，大约凌晨四五点，我接到麦德伦的电话，说姐姐凯瑟琳不小心从床上跌了下来，动弹不了，她又实在扶不动，我听得出电话那头的麦德伦已是焦急万分，于是立马和杰克从床上跳了起来，套了件大衣就往老姐妹家里赶去。

杰克将凯瑟琳扶起后就开车把她送到医院，直到做完一系列的检查，医生确认没什么大碍后，我们才松了口气。将老姐妹送回家后已是早上的时间，我和杰克都疲惫不堪，但也没有休息，直接去“白雪公主的小屋”开始了新的一天的工作。

圣诞节后，一个以前在上海的朋友来看望我们，这位朋友经商多年，生意做得很不错。在得知了一些我们的情况后，他说：“在美国赚钱光靠一双手是不行的，关键还得靠脑子，你们俩其实一直都没找到适合自己的工作，只是一味地坚持，这样是行不通的。”

朋友的这番话触动到了我和杰克的神经，于是伴着夜晚窗外淅淅沥沥的雨声，我和杰克坐在床上面对面地开了个严肃的“睡前会议”。我们开始反省，开始思考，互相客观地分析了彼此的才能和优势究竟是什么？

“小波，我觉得你很聪明，脑子灵活，而且非常吃苦耐劳！”

“杰克你的优点很明显啊，健谈、幽默，每个人都觉得你可靠又好沟通！”

对啊！我们的特点从来都是那么明显，可竟然谁也没有想到去好好运用，反而一直执着埋头在面团和春卷里，毫不理会接连失败的结果给我们的警示——我和杰克没有做餐饮的天赋，这就是我们每天都辛勤劳动、生活却依然拮据的原因。想明白这些后，真是有醍醐灌顶，被打通了任督二脉的感觉，我们一下子觉得豁然开朗了。我忍不住钻进杰克的胸膛里，和他一起大笑起来。

打铁要趁热，我还记起爸爸以前提醒我的话，他说“做生意要三条腿走路”，于是第二天我们就行动了。我联络了做进出口的朋友，决定以后把更多的时间和精力都放在学习这门生意上，而杰克则去批发店买了些小玩意儿回来，准备去医院的礼品店推销，他还联络上了以前提供面包胚子给我们的工厂老板，畅谈几次后对方就聘用了杰克，让他去各大游乐场推销产品。

我们没钱打什么广告，我就差使杰克做了块很大的招牌竖在马路边，招牌上密密麻麻写着我们经营的内容和提供的服务：进出口贸易、时装店、太极班、中文班、钢琴、舞蹈教学课程，还有礼品批发、兼职司机业务等等，每次杰克仰着头看时都会感叹我们这张招牌上的内容就像一本书那么多，他总说：“别人开车经过都来不及看。”

1月里，连着下了好几天的大雪，地上结了厚厚一层冰，马路上几乎见不到人影，可之前我们收到通知，说在哥伦布（Columbus）有个展销会，为了抓住这个商机，我和杰克已经提前交了600美元的定金，所以尽管天气恶劣，但我们仍决定开车跑一趟。我们往车里装了满满一批各式各样的女装和手提包，然后便冒着大雪出发了。

眼前的雨刮器不停地左右摇摆着，可仍清晰不了前方的路，大约行进了十分钟左右，杰克突然打方向掉了头。

“小波，这样真的太危险了，去哥伦布来回要七个小时，我们不能冒险。”

杰克的神情很严肃，我也知道路况实在糟糕，不易出远门，但想到我们已经交出去的钱，我就舍不得，加上近在眼前，或许能有所斩获的商机，我总觉得这个险应该冒。

“你不去，我自己也总归要想办法去的，就算走也要走到哥伦布。”

杰克听见我这样说，自然知道我是认真的，于是我们俩展开了一段长长的沉默，在那十分钟里，我觉得车里的气氛简直比外头的冰天雪地还要冷。又是非常突然地，只听见一记吓人的急刹车声，杰克竟调转车头重新出发了。之后的路程我都提着心吊着胆，想来杰克肯定比我还要紧张，他紧紧地握着方向盘，我则直勾勾地看着前方，我们一路“溜着冰”，“踩着西瓜皮”，整整开了五个小时，终于到达了目的地。

可喜的是，在两天的展销会中，我们的摊位前总是人头攒动，保持着最热闹的姿态，而最终我们也确实拿到了很多订单。这让杰克忍不住夸奖起我的坚持来，我回答他，这其实是我们俩坚持的成果，如果杰克那时不掉头，我是怎么也不可能“走”到哥伦布来的。更重要的还有，这次展销证明了我和杰克是具备市场营销能力的，这也为我们之后的努力方向打下了基础。

与好友弗兰克在一起

就这样尝试了大半年，我和杰克都明显察觉到情况在往好的方向发展，这让我们改变的热情更加高涨。杰克看我学做进出口十分认真投入，就带我去找他中学时的好朋友弗兰克·洛林（Frank Rulli），弗兰克经营着几家规模不小的连锁超市，杰克想试试看他能否帮上我什么忙，就算与我分享些经验之谈也是好的。但弗兰克很忙，杰克和我在他办公室外等了将近一个小时都没见到他，我有点担心，问杰克怎么办，他说：“继续等，凡事都是入门难。”

事实证明，杰克的耐心和坚持是对的，后来的许多年里，我与弗兰克不但是生意上的伙伴，还成了至交好友。

生活是甜的

转眼又一个盛夏，这时的我们已经对生活和工作开始有了一种得心应手的感觉，虽然还是没有挣到很多钱，但正在一点点平稳地向还清债务的目标靠近，还有我们的梅，也已入校成了一名小学生，这都是支撑着我和杰克的最大动力。

更令人欣喜的是，梅不但在学校品学兼优，还展露出音乐方面的天赋，她去参加钢琴比赛拿了不少奖回来，老师总向我们夸赞：“你们的梅是个小天才！”实际上，她才学了两年而已。杰克听了开心得不得了，到处向别人吹嘘说梅的钢琴是他教的，其实杰克连Do－re－mi－fa在哪儿都不知道。有时杰克甚至兴奋得睡不着觉，他会偷偷在我耳边说：“小波，我们家出了一个天才诶！”屋里关着灯，漆黑一片，可我却能感觉到从杰克眼睛里放射出的光芒，那是一种作为父亲的自豪与骄傲。其实我又何尝不是欣喜若狂，只是有些故意地强忍着，我还告诉杰克：“不要在小梅面前说这些话，我们中国的教育不是这样的。”

话虽这么说，但其实杰克对小梅的教育我在心里也是赞同和欣赏的，我对小梅一向比较严格，而杰克则相对宠爱些，他总是用很美国式的教育方法来对待女儿。比如，杰克会鼓励小梅自己动手洗小短裤和袜子，那时的梅还是个小不点

看我洗得多干净

儿，根本够不着龙头，杰克就去搬了个凳子，让梅站在上面洗。杰克会像对待成年人一样同梅讲道理，告诉她自理能力的重要性，这同中国家长宝贝孩子，一切都代劳的做法是很不一样的。

还记得梅一出生，杰克就抱着她去教堂做礼拜了，等她到了入学的年纪，杰克又给了她一本支票簿，鼓励她每周去教堂捐献，虽然额度很小，但意在让梅从小就知道应该去关爱和帮助他人。其实在这一点上，杰克一直都是最好的榜样。

没多久，我太极班上的一个学员打电话给我，说儿童医院要拍一个平面广告，她觉得小梅非常合适，让我考虑一下是否能让小梅去。我这个学员是一家儿童医院的公关，负责医院的宣传工作。我和杰克商量了一下，觉得这个广告旨在呼吁社会关注、关心儿童，是一件很好的事，我们单方面是同意的，但杰克坚持还得征询一下梅自己的意见。我们把整件事向小梅转达清楚之后，她想了想，说愿意去帮助更多的小朋友。

小梅上了《双亲》杂志封面

于是我们按照对方的通知准时带小梅到达拍摄现场，一路上杰克都显得很兴奋，大声地唱着歌，音都不知走哪儿去了还沉醉得不得了，连梅都笑他太不淡定。谁想到了现场之后，我们才知道同小梅搭档的是美式橄榄球星杰夫沃根，他也出生于青年镇，这真是让我们都很惊喜、兴奋。拍照的时候杰夫沃根对小梅十分友好，一点儿明星架子也没有，还时不时地同我和杰克聊天，“真羡慕你们能有这么聪明可爱的孩子”，杰克听到杰夫沃根也这么说，心里更骄傲了，无意识间就把头昂得高高的。摄影师让小梅坐在杰夫沃根的腿上，一只手亲昵地勾在他的脖子上，整个画面看上去很和谐，就像一对感情深厚的父女。

后来这巨幅广告被登在了青年镇的很多地方，在附近的七八个城市里也都能看到。离我们家最近的是竖在公路旁的一块大广告牌，杰克到处向朋友、邻居们宣传说：“我女儿拍广告了，你们一定要去看哦！”这不算，杰克还特意带着我和梅还有他的家人们一起去看，并要我们一个个站在广告牌前头照相留念。不过在那一刻，我心里也是真的非常骄傲，想到小梅带给我们的欢乐，我感到自己的眼泪都快掉出来了。

梅的优秀当然让我们很窝心很自豪，而我的太极班也是使我骄傲的另一个理

广告牌上的是我宝贝女儿哟

由。或许是因为美国人对中国传统文化的兴趣和热爱，也或许是因为我八年如一日地坚持授课，又或许是杰克的拥抱真的让大家记忆深刻，难以忘怀，我的太极班通过口口相传终于在当地有了小小的名气，越来越多的人慕名而来，有人还专门要同穿着太极服的我合照留念，连电视台都来采访过好几次，我开始意识到自己的肩上好像担负着某种重要的责任，想要弘扬自己国家文化的愿望也是更加殷切了。

我的外国学生

我的忠实“粉丝”杰克

我盘算着找人来帮我把课程内容录下来，做成录像带，这样就能让更多人看到，他们在自己家也能学了。我同杰克说了这个想法，他自然是非常支持的，但让我惊喜的是，杰克的家人听说后也都十分赞成，还兴奋地鼓励我一定要做成这件事。怀揣着各方给我的力量和感动，我和杰克自费请来了摄影师，拍摄的场地则是由欧医生提供的。录像当天，我和杰克还有小梅都穿上了事先特制的服装，连杰克年迈的母亲都兴冲冲跑来参与，我们四人上身都着一件白色T恤，胸前印着各国国旗组成的一个圆圈，圈里是八卦图，寓意我们中国的传统文化博大精深，同时又海纳百川，不论国籍、不论年龄，谁都可以学习。我站在最前头，杰克、杰克妈

杰克和他的家人一直很支持我

妈还有小梅在我后面，我们统一亮出太极拳的招式，脸上都挂着和阳光一样灿烂的笑容，这个场景被摄影师定格，后来还印在了录像带的盒子上。74很多年后，还会有朋友拿着这盘带子同我说：“小波，你真幸福，看到你们这个封面，我就会相信爱真的是没有国界的。”

国界、门第、文化、性格的差异……所有这些在爱的瞬间确实都会变得微不足道，但在爱的世界里，最难能可贵的还是“长久”二字，而这，只有心怀最纯净、最深厚爱的人才配得上。

大概是因为一直过得太充实了，我的身体发出了一些警示的小信号，我被医生判定需要躺进医院做个小手术。从医院回来后，杰克坚持不许我爬楼梯，免得伤着刀口，为此他特意去买了张折叠小床，放在楼下的教室里让我睡，他自己则挤在一张破旧的小沙发上。我拗不过他，也只好答应了。谁料睡到大半夜，就听见“砰”的一声，我吓得惊醒过来，定神一看，原来是杰克从沙发上滚下来了。他费劲地爬起来，开了灯，我才发现他正歪嘴揉着自己的屁股，一米八几的壮实身胚这么摔一下肯定不轻，我正担心呢，他却又露出一副嬉皮笑脸的样子，还一个劲儿地同我敬礼说“不好意思”。看他这滑稽的样子，我忍不住笑出来，可伤口却被牵扯得一记生疼，我只好一边捧着肚子，一边强忍着笑。

连生病开刀的日子都能这么甜蜜，我不禁在心里问自己，这么多年过去了，同杰克已经成了老夫老妻，怎么还会如此地需要彼此？但我没想真要得出个什么答案，因为一切缘由早已化在了点滴的生活中。

其实有非常多了解我和杰克的朋友都对我们十年如一日的爱情感到不可思议，他们总是感叹“此情只应天上有，人间哪得几回闻”，更多的人还会疑惑万分地问我：“你和杰克难道真的从来都不生气吵架吗？！”坦白说，就连我自己也很多次在心里提过这个问题，要说十年来一次都未生气过自然是不现实的，就在我们刚搬到“白雪公主的小屋”不久，我还同杰克闹了次别扭。那天杰克大概是闲得发慌，故意跑来找我的茬，莫名其妙地说了句：“小波，我觉得我比你好。”我听了一头雾水，但还是故作镇定。

“行啊，那你倒是说说看你哪里比我好了？”

杰克没料到我会这么接他的话，想了半天后回了句：“你的朋友都是有钱人，因为他们有钱所以你对他们特别好……”

我也真是没料到他“苦思冥想”了半天竟是要把我说得如此势力不堪，当时我心里确实有点儿不高兴了，就很严肃地告诉他：“我当然要对我的朋友好，你忘记了在我们最困难的时候是谁帮了我们？是谁把自己的钱借给我们？就是我的朋友郑医生和他的太太！我当然要回报他们！这是必须的，和钱无关！”

杰克看我说得头头是道，他也再掰不出什么歪理，气得一屁股坐在床边，语无伦次地咕哝了句：“不管你说什么，反正是你不对，但我不在乎。”

“我比你更不在乎。”我用不屑一顾的语气回道。

谁想到杰克竟急得脱口而出：“我用我妈妈发誓是你错了！”

“我用我妈妈还有我爸爸发誓是你错了！”想想还不够，又加了句，“还有上帝！”

我的声音和气势都明显盖过杰克，可怜的他只好背对着我生闷气。

其实吵到这儿，我都快忍不住要笑场了，但又想不能这么轻易“放过”无理取闹的杰克，得给他点“颜色”瞧瞧，于是我起身走开去做自己的事，故意对他不理不睬，经过他身边时连正眼都不看一下，但走过了又斜着眼睛用余光偷瞄他。这会儿的杰克已经是被我戳到软肋了，一副如坐针毡、不知所措的样子，我心里还在偷乐呢，结果没想到我再次从他面前走过时他终于忍不住了，故意撞了我一下，我脚下一个重心不稳，眼见着就要摔倒了，他却顺势一揽将我抱在怀中，我还惊魂未定呢，他倒装出可怜巴巴的样子，锁着眉头撅着嘴。

“对不起啦，是我错了好不好？”

我继续“刁难”：“别跟我说对不起，你说话之前都不动脑子的吗？你是笨蛋啊？”

“我是啊！”

杰克竟然这么爽快地承认自己是笨蛋，我也再装不下去了，“扑哧”一声笑了出来。杰克把我扶起，让我站定，然后盯着我的眼睛，认真地告诉我：“小波，你记住，以后千万不要生我的气，因为我绝对绝对不可能真的要气你，我这人就是说话口无遮拦的，所以你要是真生气了那就太不值得了。”

再后来，是在99年的时候，我们为了买狗的事儿闹了次不开心。我们的梅大概是遗传了他爸爸的爱狗基因，打小就吵着要养狗，但之前我们的经济条件一直很困难，就没答应她，等梅九岁又提起时，为了让她开心，我和杰克就商量着满足她的愿望吧。于是杰克开车带小梅去买狗，挑了半天带回来一只深咖啡色狗，我看着一点也喜欢不起来，便叫他们去换只浅色的，这父女俩其实心里都不愿意，但为了不让我生气只好勉强同意。K

去换的路上，杰克和小梅联合起来一致“对付”我，一个劲儿地说咖啡色的狗很可爱，不理解我为什么非要去换浅色的。我一张嘴辩不过他们两个，就随口说了句“你们再讲我就下车了”，没想到杰克竟然回我说：“你要下车，那我把门打开，你下吧。”我当时真的气极了，碍于小梅在场不好发作。后来我们换了一只白色的小狗回来，到家我什么也不管，就直奔卧室拿了枕头和被子堆到沙发上，杰克问我干嘛我也不搭理他。

后来，皮卡丘成为了我们家的一份子

到了晚上，我赌气睡在沙发上，听到卧室的门一会儿开一会儿关的声音，猜想杰克大概是在犹豫着怎么跟我解释，我用被子蒙住脸，心想着管他怎么解释，我都不要原谅他。可后来卧室的门就关上了，再没什么动静，杰克居然不管我就自己睡大觉了？想到这儿，我就更生气，在沙发上翻来覆去地根本睡不着。就在这时候又传来了开门的声音，我赶紧停止动静，闭眼装睡，耳朵里却是一阵阵"窸窸窣窣"声，实在控制不住好奇心，我睁开眼睛，一下子起身，本想骂杰克几句，却发现他正躺在地上有点儿惊讶地看着我。原来他也抱着被子枕头出来，在我的沙发旁边打了个地铺。

"你这是什么意思啊？"

"你不睡床上，我也只好不睡了。你睡哪里，我就睡哪里。"

杰克都这么说，这么做了，架还怎么吵得起来呢？

杰克说如果我真的同他生气那就太不值得了，其实我知道他说的是有道理的，事实上对于和他之间不愉快的记忆我本来也就是忘得干净利落，这应该归功于我们从未发生过什么原则上的真正的不愉快吧，而且结婚12年了，我能具体回忆起来的就这么两次，还都是因为好玩才记下的，光想到这点就觉得自己真的是太幸福了，好像这12年都是活在童话世界似的，真是没有一丁点理由去和杰克生气。

在小梅出生前，我们甚至一次也没红过脸，那时有不少女朋友会来同我倾诉和丈夫之间的矛盾，有的不但天天吵架，甚至还大打出手，她们还教我要提防丈夫，自己多存点私房钱，我听着觉得简直不可思议。有次我看美国的肥皂剧，发现里面的夫妻也都在吵架，女的发起脾气来还会朝丈夫扔东西，我真是从没体验过那种感觉，就心想要不我也来试试？然后我就故意找杰克的茬，故意冲他发脾气，可杰克不但没用生气回应我，还一直笑嘻嘻地哄我，我最后倒是因为计谋没得逞而生气了，拿起床上的枕头朝杰克扔去，杰克竟然还觉得特有意思，叫我再扔，结果我和杰克跳上跳下，躲来躲去地互相扔着枕头，"找架吵"计划彻底演变成了一场疯狂的"枕头大战"，满屋子里都是我们俩放肆的笑声。

转折

2000年，杰克90高龄的妈妈不小心摔了一跤，然后心脏病发仙逝了。杰克打电话通知我妈妈的死讯时，我正在外面办事，我们两人都忍不住在电话里哭了起来，我马上放下手头的事赶回了家。其实在一年前，妈妈就得了老年痴呆症，谁也不认识，但冲谁都会笑，每天我看着她像小孩般天真的样子，就会同杰克说："你妈妈真是个天使。"

瞻仰遗容那天，小梅看着奶奶躺在棺材里，大哭了很久。梅和奶奶的感情很好，每天早上我帮她梳辫子她就叫痛，奶奶帮她梳她就乖得很。晚上小梅还会缠着奶奶，叫她帮忙检查家庭作业。

梅和奶奶

看着妈妈一脸安详的样子，往日的一幕幕记忆不禁涌上心头……杰克的面包店里，爸爸妈妈正在往披萨饼皮上涂意大利番茄酱，妈妈总爱斜着头用余光看杰克耍宝，忍不住地偷笑，到处都洋溢着快乐和幸福……每个场景，每件事情都仿佛还是昨天发生的一般，但实际上和蔼可亲的两位老人却都已经走了，这种生死离别，物是人非的感觉真的是难以形容，我也只能跟着杰克一同祈祷，希望他们在天堂能一切安好。

入夏的时候，我接到一通留言电话，电话那头传来的是一位先生的声音：“你好，我是罗伯特·博克（Robert Berk），我想报名参加你的中文课，我有几个问题，可以见面谈吗？”

我回了罗伯特的电话，同他简单地聊了几句，知道他是个做一次性餐具进口批发的商人，因为开始和中国有生意往来，所以想学中文。于是我们约定了见面的时间，地点就在他公司。

前去赴约那天，我刚在修女院上完太极课，和杰克两人穿着湿嗒嗒的汗衫开着车就急匆匆赶去了。和罗伯特先生的第一次照面很有意思，他是个胖乎乎的美国犹太人，圆圆的脸上架着副眼睛，看上去就像个可爱的老顽童，说话也很随意，但还是会让人感觉有着大老板的气场和威严。他先领我们参观了他的公司，在他的办公室里有个占了一整面墙的书架，上面齐刷刷摆着白色的文件夹，罗伯特说这里面是各个中国工厂的资料，一个文件夹里头就是一家厂，他很自豪地称之为“中国墙”。参观完毕后，我们坐到会议室里开始进入正题，罗伯特让我先介绍一下自己的情况，我告诉他州立大学的中文班因为人数不够取消了，所以我打算再找一份工作来填补这个时间。没想到罗伯特听后立即爽快地表示他们正要招个前台的接线员，他问我：“你想来吗？”

我说：“什么时候要我来？”

他想也没想便答：“就明天好了。”

整个过程简单得让人不敢相信，直到我们开车回家的路上，我还在不停地问杰克：“这算是面试吗？不可能吧！”杰克也有点一头雾水。

第二天，我真是在一个懵懵懂懂的状态下就去上班了，出门前我甚至都不知道该往包里放点儿什么，杰克看我迷茫又紧张的样子，就替我收拾起来，他将一些常用物品放到包里，然后把我的女士小包夹在腋下，一只手挽着我的胳膊，一路护送我到门口。这让我想起了电影里男女主人公结婚时的场景，新娘挽着父亲，优雅地往前走，前头是她的爱人，也是她未来生活的起点，即将从小女生变为人妻，心里难免忐忑紧张，所以才由父亲护送着，而杰克此时给我的感觉就是这样，像吃了颗定心丸。他把我送到车里，替我系好安全带，最后在我的耳边说："小波你记住，你是最棒的！你比你们老板还聪明，所以放心好了，微笑、自信地去，万一碰到什么问题，就打电话给我，知道了吗？"我点点头，杰克随而在我的脸颊上留了一个深情的吻，"去吧，开慢一点！"

踩下油门的同时，原本储存在脑海里的回忆亦是一幕幕地从眼前闪过……那是我第一次到杰克的面包店帮忙，一样的不知所措，一样的懵懂紧张，我告诉杰克"我有点儿紧张"，他马上大声地鼓励我："小波，你比谁都聪明，这点小事绝不会难倒你，放手去干！"

真好，13年过去了，都不知道有多少东西已经面目全非，可我和杰克依然相爱，依然快活地在一起，就连他的鼓励都未曾变过样子。等候红灯的时候我想，若是真有前世今生，那我愿意用我的生生世世去感谢杰克的存在……

到了公司，我被安排坐在前台，也没有人来教我什么，就只让我接电话，我深吸了一口气，告诉自己：我得征服这台电话才行！谁想这电话是一天到晚响个不停，各种各样的零售商打来，或是询问，或是要订购餐具、纸巾、包装纸等等，还有很多顾客是冲着老板父母发明的杀虫剂、蟑螂药而来。这对我来说可真是个不小的挑战，我对这行一点儿都不了解，所以客户好多时候说的专用名词在我听来就像天书一样，为此我闹了不少笑话。有一次是客户打来说要买灭

罗伯特母子

“centipede（蜈蚣）”的药，我也听不太懂，就想他要的大概是“centerpiece（放在餐桌中间的摆设）”，便告诉他我们公司不卖这个东西，结果那人听了很生气，“哐”一下就把电话给挂了，我完全没反应过来是什么情况，心里觉得真是郁闷。回家后，我把这事儿告诉了杰克，他听后大笑了一场。

做了没几天，罗伯特把我叫到办公室，给了我几张纸，上面满满的都是数字，他叫我把这些加起来，我就埋头开始算，算好后交给他。谁晓得这就算是面试了，罗伯特核对了一眼然后抬头告诉我正式被录取了。我的主要工作仍旧是接电话，另外还要负责现场销售，有不少客户会亲自上门来买货，所以我们公司有块很大的区域是用来作产品展示的。

两周后的一天，老板又把我叫去，我看他神情焦急，还以为是我哪里做得不对，心里很忐忑，结果他告诉我他把一大笔货款汇到了错误的账号上，问我“该怎么办？”碰到这种情况，钱多半是拿不回来了，但因为对方是中国人，又是老板叫我帮忙，我只好咬咬牙答应去试试看。由于时差的关系，我每天都得眼巴巴等到晚上才能打电话去中国跟对方沟通，每次都得费尽口舌，又是套近乎又是说道理的，电话一拿起总得到半夜才能放下，杰克也陪着我不睡觉，还逗我说钱一定会回来，因为对方迟早会被我烦怕了。最后也算是承了杰克的吉言，对方同意退款，我终于能松口气向老板交代了。我把这消息告诉老板时，他笑着说：“小波，你是给了我一个惊喜！”原来老板对这笔钱能否回来也没心存什么希望，只是看我也是中国人，至少能和对方沟通上几句，所以才让我去试试看，没想到我却真的把钱给要回来了。

从这件事之后，老板开始放心地让我参与中国方面的生意，还让我管理账务，但接线员和现场销售的活儿还是得兼顾着，所以我在公司总是忙得三餐不济，一边接电话一边处理问题，还得招呼不断上门的客人，常常感觉陷入脑袋发闷的状态。晚上六点下班回家后，还没喘上气一眨眼就到八点了，我又得开始工作，因为我们这儿的晚上八点是中国那边早晨刚开始陆陆续续工作的时间，所以每天我起码得忙到凌晨十二点才能把一天里和中国方面的事情处理完。

供应商好友汪士如

就这样两头兼顾了四年，我帮助罗伯特把在中国的生意迅速扩展开来，我刚接手时，一个月公司只从中国进一个小货柜的产品，而四年后，我们基本每个月都要进五十到九十个巨型货柜的产品。但这张漂亮的成绩单背后是我长达四年兢兢业业、无眠无休的努力奋斗，还有杰克无怨无悔的支持和帮助，他常说我的工作内容简直是“一条龙服务”，从下订单到工厂制造，从拿货到海运出关都是由我负责管着，每个环节都有可能出一堆错，其中的麻烦和辛苦是不言而喻的。好不容易盼到货进美国境内了，我的任务还不算完，我们的货是停在洛杉矶，得运上火车送到芝加哥，然后再转一趟火车送到克利夫兰，再由工人把货卸到我们的卡车上送来，这整个过程我都得盯着，心里随时准备着赶去解决问题。像在克利夫兰，我们的货只能免费停放三天，之后每超过一天就得为一个柜付一百美元，那五十到九十个柜就是一笔不小的开支，但公司仓库的空间有限，装不下那么多的货，有时着急需要的几个柜又偏偏排在最后面，工人只能从外往里搬，司机也只能这么运送，类似的情况经常发生，我就得马上赶到现场去和各方协商、调度。还有一次运到纽约的柜撤空了，等着次日送回海运公司，没想到第二天一大早我就接到电话说整个柜里全是垃圾，想来肯定是有人故意恶作剧，我只好又急忙飞去纽约处理。

那几年里，我感觉自己的生活必需品已经不是水和粮食，而是电话和手机，光“白雪公主的小屋”里就安了九台电话，小梅总是开玩笑说：“妈妈只要在家就是不断地接电话、打电话。”其实并不夸张，我常常是“左右开弓”，左手一个听筒，右手又一个，然后第三第四个电话都在催命似的响，我只好让杰克先帮我接起来，让对方稍候。还有太多次尴尬的经历，我上完厕所在洗手或是我在洗澡的时候，重要的电话又打进来了，杰克就瞬间变为“人肉固定器”，拿着手机放在我的耳边，有时一讲好几十分钟，就看到杰克不停地换手拿。除了一刻不得闲的电话，我们家的传真机也是一样疯狂地忙碌，我和杰克都称它为“永不停歇的传真”。每传真一次光拨那一长串的数字就得费些时间，还常常是好不容易接上了却又出错，一会儿卡纸，一会又机器故障的，大半夜里碰到这种情况，我的手边又有一堆的订单排队等着传，这时的我真就是只热锅上的蚂蚁，又累又困又着急，好几次都是一边哭一边继续传，实在来不及了，只好把睡梦里的杰克和梅都叫起来帮忙。传完了还得电话沟通，那时同我们合作的中国厂商从老板到接洽的员工人都很好，但他们的厂子算是刚刚起步没多久，业务水平特别是英语还没跟上，所以沟通总要花去很多时间，常常还要手把手教许多细节，所以到了下半夜我只能是一手撑着脑袋，一手撑着眼皮，尽量让自己保持清醒。

但辛苦的也不只我一人，还有杰克。其实那几年里他自己的事业也发展得越来越好，因为人缘极佳，杰克在推销方面可以说是如鱼得水，他替面包厂拉了不少生意，老板也非常赏识他，升他做了市场营销部的主任，另外卖小商品给医院礼品店的生意也一直平稳地维持着。但因为我工作的关系，实在无法更多地兼顾家庭，所以杰克还得承担起“家庭主夫”的职责，家里的家务基本都是他包揽的，每天还得接送女儿上学，更让我感动的是，杰克还主动请缨，成了我的智囊团、我最最坚实的后盾！连我的老板都说杰克也是他公司的一员干将，但凡有什么事他都会分文不取地鼎力相助，也正是因为这样，罗伯特和杰克在私底下成了非常要好的哥们儿。

每天我上班出门时，杰克总是送给我一脸灿烂的笑容，像一朵盛开的太阳花，他一手勾住我的手臂，一手提着我的女士小包，护送我到门口的一路上就是每天雷打不动的“赞美时光”——“小波，你是最棒、最聪明的，没什么麻烦能难得倒你！万一碰上什么棘手的问题，第一时间打给我，如果有谁胆敢欺负你，更要第一时间打给我，我去帮你摆平他！”一直要目送到我的车驶离他的视线，杰克才会转身回家。晚上我下班回家，杰克也是一样地关怀我，嘘寒问暖地将我迎进家里。我赚到钱告诉杰克，他会认真地同我握手，再给我一个大大的拥抱，说：“你真棒！”而当他赚了钱拿回家时，他则会故意往桌上一扔，然后走开，得意地显摆给我看。我知道杰克一直觉得自己赚钱不如我多，心里愧疚，所以现在算是了却了他的一个心愿。如此种种的有趣享受，让我觉得自己真是比皇后还要幸福，连梅都总是嘲笑杰克，说他是“妈妈最忠诚的狗狗，每天候着妈妈下班的时间点，一听到车子的动静就会冲出去，帮妈妈拿包，然后饶有兴趣地听妈妈报一天的流水账”。

杰克总说在他心里我是比他自己还重要的，事实也确实如此，他对我的体贴早已超过了对自己。自从进了BERK公司，我每天都忙得焦头烂额，时间也过得颠三倒四，对夫妻之事自然越来越有心无力，我心里是觉得很对不住杰克的，但他从不给我任何压力，更不勉强我。每天杰克都起得比我早，但他从来不吵醒我，即使那是他的“意大利春卷”最需要的时候，为了让我多睡一会儿，他就自己忍着。到了晚上，我又忙得手脚并用，根本无暇顾及他。有几次他蹑手蹑脚地走到我旁边，像个小孩似的拉我的衣袖。

“小波，它的小眼睛在看你呢！”杰克可怜巴巴地看着我。

我也不知道怎么回答他，只好埋头继续做事。

“哎，我的‘意大利春卷’很久都没人理没人用了，干脆放到博物馆去算了。”

“还博物馆呢，”听杰克说得那么哀怨，我故意阴阳怪气地回道，“你有什么特殊的可展览呀？”

“我可是特大号！”

我忍不住“扑哧”一声笑了出来，“特大号有什么稀奇？”然后故装严肃地同杰克说：“我很忙的，你以后要提前跟我预约，我要看看我的日程表有没有空档才行。”

杰克撅着嘴恹恹地走开了，我只好把他叫回来亲亲他表示安慰。

对我而言，杰克从不间断的鼓励和体贴就是最高级的营养品，它时时刻刻伴随着我，给了我自信和力量，还有健康愉快的心情，这无论是在生活中，还是在工作的时候都是相当重要的。要知道，在罗伯特的公司里，我是唯一的中国人，也是管理阶层中唯一的女性，需要面对和承受的压力是可想而知的，虽然老板非常赏识、重用我，平日里对我也很优待，但我们毕竟有着迥然不同的文化背景，彼此的个性也有差异，所以我只有更努力地工作，更小心地处事，才能在白人的世界保有自己的立足之地。而这中间，绝对少不了杰克的功劳，他这个土生土长的美国人对这里的人情世故和做事规则都要了解得比我清楚透彻，所以常常能给我正确有用的建议，他也一直都乐于事无巨细地帮助我。像是有一次，罗伯特从中国回来后把我叫进他的办公室，告诉我以后有些流程要换一种方式来操作，我自然是应允了，但走出来仔细一想，却发现如果按照老板的意思做就等于是把简单的问题大大地复杂化。我左思右想都觉得应该去和罗伯特说明这个情况，但因为几年合作下来我对他的性格已经有所了解，知道他决定的事就很难再改变，横竖都不是，一时间我感到非常为难，就给杰克打了个电话。

“要我现在过来吗？”他听闻这件事后就马上问道。

“过来干嘛呀……”

“那你打算怎么办呢？”

“我也不知道。”

杰克停顿了一会儿，然后开始耐心地帮我分析情况，得到我的肯定后他才教我该怎么说，怎么做。挂了电话后，我就依样画葫芦照办了，没想到竟然很顺利地就改变了罗伯特的决定。

晚上回家后，我兴奋地同杰克在“家庭会议桌”上分享了这个好消息。所谓“家庭会议桌”，其实就是我们从杰克妈妈家搬回来后在卧室添置的一张小桌子，每天我下班回来休息的两小时里，我们总会尽量抽一点时间，面对面地坐着，各自汇报一天的情况，分享彼此的乐事，也相互出谋划策，分忧解难。在这张“家庭会议桌”上，杰克帮我想出过很多好主意，也解决了不少棘手的问题，

二排右三：好友周林华经理

杰克很喜欢穿唐装

有一次我同他说：“你就像是我的掌舵人，要是你不在，我这只小船儿就得孤零零地飘在汪洋里，什么方向都没了。”

更幸运的是，我这只小船儿不但在异国他乡找到了一隅能遮风躲雨的停泊处，还能常常驶回故乡，同家人们欢聚。以前，回国探亲对我们来说就像是奢望，总是困难重重，好在通过我和杰克这么多年来不懈的努力，终于渐渐摆脱了经济拮据的窘境。1998年后，我们每年都会尽量回去一趟，看看家人，在帮助罗伯特管理中国的生意后，跟着他回国见客户的机会就更多了，每次罗伯特还会邀杰克这个不要钱的员工和他同行。

让我很窝心的是，杰克非常热爱中国，爱我的家人和朋友，每次回去显得比我还兴奋，总要提前几天去商店和超市为大家挑选礼物，知道的人都笑他是“爱屋及乌”，他也欣然承认。而我的家人朋友们也很喜欢杰克，每个人看到他都会不自觉地展露笑颜，有的亲切地叫他“洋大哥”，有的则唤他“高大的杰克”。

我的姐姐小琳和杰克尤为谈得来，就连她的顶头上司周林华经理也因为一次饭局和杰克成了很要好的朋友，之后每年我们一家回上海，他和他儿子周炜靓都会亲自来接机，但两人语言不通，为了表达谢意，杰克总是一见面就送给周经理一个大大的拥抱，还故意用自己的胡子去蹭人家的胡子，“我这胡子就是专门为你留的！”杰克一开口，所有人就哈哈大笑起来。

到了宾馆，小琳和杰克也不消停，再加上梅，三个人鸡同鸭讲地能笑上半天，好几次我实在吃不消了，只好跟他们说：“先停一下好吧，我要睡觉倒时差了。”

记得有一年我去上海出差，杰克因为工作脱不开身就没陪我，结果小琳有点失望地说：“你们杰克不来，上海的太阳都不够亮了。”

杰克同我的老母亲也处得非常好，她早年去美国时就对杰克留下了深刻的好印象，后来看到我们的日子一点点好过起来，恩爱的劲儿却始终如初，就更认可这个女婿了。两人只要碰到一起就很爱坐下来聊天，天南地北，没大没小的，什么都能聊，妈妈也十分接受和喜爱这种美国式的直接。有次杰克竟然还劝妈妈再去找个

杰克与妈妈聊天

三姐夫正在帮忙翻译

伴儿，他说：“妈妈，你不该停止对婚姻的追求，你试了两次就放弃了，我可是不断地在努力，结果我的第三段婚姻获得了全面的成功，我到达了幸福的顶点，就好像上了世界最高塔一样，感觉爽得不得了！”妈妈听了，笑声连连，我拍了拍杰克的肩，叫他不要“胡说八道”，心里却是无数次地感叹杰克这人真是滑稽得不得了。

回上海还有个不成文的规矩——我和杰克会邀请全家老小来一次大聚餐。我知道中国人的习惯是吃饭前由长辈或请客的人说上几句吉祥话，然后大家起立碰下杯子就可以开吃了，但我们杰克却认真得不得了，每次聚餐前都做好了充分的准备，等长辈们说完话了，他就站起来，高举酒杯，眼睛里闪耀着兴奋的光芒，然后慷慨激昂地演说一番，再由我的三姐夫朱忠良做流畅详尽的翻译。杰克的话语里总是充满着祝愿、祈祷和感谢，满满的都是爱心，虽然中美的文化、语言还有信仰都不相同，但爱却是可以跨越国界由人心不断传递的，所以听着杰克的话，我们每个人都能感觉到温暖，再配上他深情并茂的样子，便一下就把饭桌上欢乐融洽的气氛给调动起来了。

2003年，BERK公司的业绩很不错，盛夏的时候，罗伯特兴致勃勃地带着我和另外几个得力下手一同去了义乌访问提供货源给我们的工厂，杰克和梅也受邀一起去了。我们先是去了由王小红、蒋仙花夫妇创办的厂子，我们一家坐的车刚开到厂门口就听到噼里啪啦的鞭炮声响起来，真是有点儿震耳欲聋的感觉，杰克本想下车阻止，但已经来不及了。其实疯狂热爱鞭炮的是罗伯特，我私底下总结出一句话：对罗伯特来说是鞭炮越多，订单越多。工人们以为到的是老板，没想到搞错了，大家都觉得很尴尬，我只好赶紧想办法，先打电话乱诌了几个理由让罗伯特晚点来，再让工人们快去买更多的鞭炮来，最后等他到的时候，工人们又重新放了一次，响彻云霄的鞭炮声让老顽童罗伯特兴奋了好一阵。

紧接着整齐划一穿着印有“BERK”标记汗衫的一两百个工人开始敲锣打鼓，还有专门的人舞狮舞龙来欢迎我们，搞得几个外国人统统拿起了相机一阵狂拍，特别是罗伯特和杰克，笑得都快合不拢嘴了，简直就是对活宝。仙花还特意搭了个临时舞台，又在台前铺上了红地毯，让我们一行人都像大明星似的走起了红地毯，一路都有工人为我们献上大束的鲜花。杰克一手勾着我，另一边勾着小梅，满面春风，昂首挺胸，罗伯特他们都笑他是“艳福不浅”、“左右逢源”。上台后，老板第一个发言，由我同步翻译，工人们都站在台下认真地听着，谁想才没严肃了几分

杰克抢过锣鼓队的喇叭自己吹了起来

杰克扭屁股
大家都跟着杰克跳了起来

钟，等杰克上台后就又闹开了，他先是幽默地开了几个玩笑，接着竟教工人们跳起了一种传统的西班牙集体舞。一开始工人们都觉得害羞，站在那儿不敢动，但到后来全被杰克的奔放滑稽影响了，台上台下笑成一片，所有人都跟着他在拍屁股，连罗伯特也觉得特别有意思，跟着一起闹起来。

一阵狂欢后，仙花请我们欣赏了工人们自编自演的《感恩的心》，他们在台上一边用心地唱，一边熟练地做着手势，看得出一定是排练了很多遍。

"我还有多少爱，我还有多少泪，要苍天知道，我不认输……

"感恩的心，感谢有你……"

我把这些温暖人心的歌词一一翻译给罗伯特他们听，在场的所有人都感动了，我的眼眶也跟着湿润起来，回忆起这几年来的点点滴滴，刚进公司当接线员时闹的笑话，半夜一边哭一边传真，还有那永不停歇的电话铃声……一切都好像还是昨天发生的事，而如今，老板的辛苦、我的辛苦却已经化为实实在在的效益，能让一两百个工人有一份稳定的收入养家糊口，也能让自己得到他人的感谢、感恩……生活就是这样，喜爱给你各种磨练，但也总会给你坚持下去的美好理由和暖暖的希望。

义乌之行后，我们一家三口还回了上海。因为我的家人们大多都在徐家汇一带，所以我们总是住在附近的西亚宾馆里。透过房间的窗户，能看到繁华地段一片车水马龙、人头攒动的热闹景象，到了晚上，景观灯一一绽放开来，更是一派惹人眼球的璀璨，所以杰克和梅非常爱趴在窗前观望外头的勃勃生机，他们会不时地交流、感叹上海的日新月异，对于上海的变化，他们总是显得兴奋又骄傲。

其实在美国，很多没有来过中国的普通百姓对这里的印象仍旧停留在可怖的“文革”时期，不管我这个中国人如何同他们解释，他们依然是将信将疑，每当此时，杰克都会跳出来用他亲眼所见、亲耳所闻帮助我向美国人介绍中国当下的真实面貌。还记得2001年中国申奥成功时，在国外也有些不和谐的声音出现，但只要被杰克听到，他总会大声地告诉那些人：“中国将会举办有史以来最好看、最优秀的奥运会，你们一定会看到前所未有的精彩，不信就等着吧！”

朋友们总开玩笑说：“嘿，杰克，你长得不像中国人嘛。”杰克就大笑着回答：“我是中国意大利人。”

杰克这做的一切都让我很感动，他却总是轻描淡写地说：“这没什么，上海是生你养你的地方，我还有梅会和你一样热爱它，而且中国的发展的确是一日千里，我有义务让大家知道，转变那些过时的老印象。”

杰克是真正把中国、把上海当作了自己的第二家乡，他对这块土地充满了热情和好奇，对这里迅猛的发展更是感到自豪，并还有着更高的期望。我心里明白，这一切的起因是我，杰克虽不知中国成语“爱屋及乌”，却是用实际行动把它发挥到了极致，我也一样，愿意爱他所爱。

回美国后过了三个多月就是梅13岁的生日。每年的这一天我和杰克都会为梅办一

杰克爱屋及乌，支持中国文化

个派对，即使是以前经济很拮据的时候，我们也宁可自己省吃俭用，留着钱请小丑来表演，还会请上和梅要好的小朋友，在大家的脸上都涂上五彩缤纷的颜色，一起为梅庆生。认识老姐妹后，她们也会准时为小梅送来许多礼物。但这一年，我们等到傍晚也不见二老来，家里的电话一直没人接听，我和杰克还有梅都非常焦急，梅还不时地跑到家门口去张望，祈祷能看到两位奶奶的身影，但一直到很晚她们也没来。杰克急坏了，只好报警，我们跟着警察到了老姐妹的家，发现屋里果然空无一人，但小梅的礼物却安静地呆在桌上。几经辗转，我们才知道原来二老都在医院，妹妹麦德伦患了乳腺癌，准备开刀治疗，姐姐凯瑟琳要照顾她，只好一起住在医院，老姐妹怕我们担心，所以一直瞒着我们。知道这些情况后，杰克便主动承担起了照顾麦德伦的责任，他每天都去医院给她喂饭，术后经常帮她擦身，陪她聊天，看着两人亲密无间，有说有笑的样子，医生护士们都误以为杰克是麦德伦的亲儿子，对他翘首称赞，后来得知他们其实毫无血缘关系，大家都十分惊讶，不敢相信，重复地问：“真的吗？是真的吗？！”麦德伦告诉他们：“就算有个亲儿子也不一定有杰克那么好。”

事实也确实如此，平时生活里，杰克就一直惦记着老姐妹。每次我们去琪琪家蹭饭，趁着大家还没开动前，杰克总要先“偷”些好吃的藏起来，为的就是带给老姐妹俩尝尝。后来“偷”出经验来了，像是在感恩节大餐前，杰克就会悄悄叮嘱我切火鸡的时候先切一些放到盘里给他，他会藏到车里去，等吃完饭就老姐妹送去。琪琪自然清楚杰克是在做善事，但她和这个弟弟一样爱开玩笑，所以总说：“偷菜就算了，但请把我的盘儿送回来。”杰克听了就拼命忍住笑，这时我会拍他一下，故意大声地说：“嘿，在说你呢。”他就把食指放到嘴唇上，“嘘”一声后还朝我眨眼睛抛媚眼。

还有一次，那时杰克的妈妈还健在呢，我们去她那儿吃饭，她做了两大盘不同口味的意大利面让杰克端到餐桌上去，杰克顺手就把其中一盘藏到车里去了，说是要让老姐妹品尝一下真正的意大利美味。结果妈妈发现少了一盘后，兜兜转转找了半天，急得不停嘀咕：我明明做了两盘，怎么就是少了一盘呢？！杰克求我别揭穿他，故意隔了好几天才告诉妈妈真相，惹得妈妈大叫：“杰克你真是疯了！太讨厌了！”喊完之后却又露出了笑容。

斯人已去，可回忆起来，那幸福快乐的感觉却是一丝一毫也没有淡去，妈妈的笑容也仿佛同时间一起永恒，总是那样甜甜的，暖暖的。

杰克常“偷”好吃的给老姐妹送去

美国梦

最幸福的时光

我常常同身边的朋友说："夫妻一定要一心，这样才能把日子过好。"我和杰克亦是用近二十年的相濡以沫证明着这句话，我们携手奋斗，不离不弃，终于是让日子一天天好过起来，心里对于家的渴望便也越来越浓了。自从我们俩的事业都各自步入正轨，存钱换房的计划就一直在进行着，我和杰克想要一处真正属于我们的房子，也想让梅能进一所好学校，成长为更优秀的孩子。

2004年，一切总算成熟，我们在一处安静的小区选了栋宽敞的房子，门前是草坪，后面有花园，周围遍是高矮错落、颜色不一的树木，草绿、深绿、红枫色，抹茶色……听卖主说，随着一年四季的更替，这些树木也会跟着呈现出不一样的风貌。房子里的设施同样一应齐全，客厅、卧室、书房……整个格局都很

门前树木随着季节变幻色彩

幸福的一家

符合我们的心意。

说起来，这还是我们第一个在条件上算是像样了的家，加上地处好学区，梅也能上名校就读了，所以我和杰克真的是开心极了，全部的心思都扑在这房子的一砖一瓦上，里里外外没有一件东西不是我们俩亲自操持置办的。其实我想要的家的模样早已在我的梦里百转千回了太多次，哪怕微小到一个物件的摆放我都是细想了无数次，所以当美梦终究成为现实时，我觉得自己就像是个经验丰富的设计师，对一切都充满自信，驾轻就熟。

我最喜爱红瓦白墙，所以杰克找工人重新铺设了屋顶的瓦片，统统换成了朱红色，墙面则漆成白的，连同所有窗户也一起换新了，做成了凸出来带百叶窗的，颜色是非常别致的象牙白。本来通往停车库的小路是用柏油铺的，黑漆漆的样子我和杰克都不喜欢，于是让工人们买了水泥，铺上之后既美观又平整。我们还在通往后院的泥道上铺了红砖，做成了一条好看实用的小径。整个工程费了我们很大的精力和心血，特别是杰克，为了让我按时安心地上班，他一力承担起了监工的职责，每天都在现场盯着，还时常要亲自动手，一天下来就和工人们一样灰头土脸、汗流浃背的。外观被改造一点儿天气也就更热一点，终于挨到完工那天，我和杰克手牵着手站在太阳底下，梅安静地待在我们身旁，脚边是多年前换来的白色小狗皮卡丘，它正兴奋地团团转。我们一家三口欣赏着精心打造后的房子，聚精会神，满怀感触，灼烈的温度不叫我们觉得闷热难耐，反倒照得心里好暖，只因眼前的一切真是像极了童话世界里的——心爱的人、心爱的孩子，还有可爱的宠物，我于是情不自禁地想要肆意沉溺于这一刻，我的美国梦终于实现的这一刻……

马不停蹄地，又开始了室内的装潢。我和杰克都最在意厨房，因为热情好客，朋友们都非常喜欢来我们家聚餐，所以厨房一定得够大，为此我们把连通着客厅的一堵墙给砸了，厨房一下变得更加宽敞通透，杰克还特意安了一排落地窗，这样一边做饭一边还能欣赏院子里的景色。我们将厨房装修成大气的敞开式，中间放置一张大面积料理台，台面是用冰爽光滑的大理石制成，每天早晨缱绻细密的阳光穿透过落地窗洒在上面，折射出星星点点的光亮，好看得不得了。另外靠墙一面是左

我的美国梦实现了

长长的料理台

“谁是大厨？杰克！”

右两个灶台，共八个炉灶，外加两只烤箱，顶上是两台油烟机。这么设计是因为我们家有着三国不同的美食文化——杰克会做意大利菜，我爱做中国的，梅则善于美式料理。杰克还搞怪地用彩墨打印了两张卡通画贴在油烟机上，一张上画着个挺胸撅屁股的大厨，身穿厨师服，头顶白色高帽，表情非常滑稽，旁边写着：谁是大厨？杰克！另一张当然是贴在我和梅专用的抽油烟机上，以此划清我们各自的领地。他还专门去买了个黑色围裙，拿到印染店里让人用白墨把自己的名字“Jack”印在了上头，我和梅常常嘲笑他这种爱演大厨的虚荣心，他倒不以为然，挂着围裙，唱着走调的歌，在自己的地盘做着心爱的意大利美食，十分陶醉享受。

在主卧的洗手间里，我放了个全透明的玻璃橱，里面都是和墙纸搭配的橘色浴巾，大大小小我都叠得很整齐，一摞摞摆在橱里，另外还有各种不同颜色、形状的肥皂、蜡烛，都是装饰用的，一点不昂贵奢华，却把洗手间点缀得温馨又浪漫。原本我和杰克一致相中了一个爱心型的双人按摩浴缸，幻想着躺在里面边放松边讲悄

悄话的美好时刻，结果浴缸太大，运来后怎么放都不合适，我们只好灰溜溜地退了货，重新装了个单人浴缸和淋浴室，为此，我和杰克都不乐意了好几天。更郁闷的是浴缸的底部边缘还忘了用水泥封起来，用了没几次就开始漏水，杰克自告奋勇地买了好些材料回来弄，结果搞了大半天，水泥东一坨西一块的非常难看。

“我要的是五星级饭店的档次，要跟我这些摆设都搭配的，你这弄的是什么呀？”我抱怨道。

这下只好亲自出马了，我撸起袖子，抢过工具开始砌水泥，一上手便后悔了，知道自己是看人挑担不吃力，为了不让情况更糟，我只好打电话请来了专业的工人，可杰克却对我求助于他人感到非常地不服气。工人上门后，他像只跟屁虫似的寸步不离，人家好好地在干活，他却在一旁不停地指手画脚，一会儿建议这个怎么弄，一会儿又指导那个怎么办，然而事实呢？杰克纯粹是在胡说八道！但看他一副充满自信的样子，又真是滑稽得生不起气来，我看那个工人被他逗得哭笑不得，脸都快抽筋了。

我们就这样花尽心思捣腾了好几个月，所有来恭贺乔迁之喜的朋友都说这房子已经被我们装潢得很完美了，照理说我们高涨的情绪应该平复了，可到了晚上，我和杰克躺在床上依然兴奋得没法合眼，大半夜里我们要是想到什么好主意还是会跳起来去弄，一直得弄到满意为止。有一晚，我想到了摆放花瓶的最佳位置，就和杰克一起爬起来，手牵着手把我们新买来的装饰花瓶放到了那个位置上，然后傻笑了半天。

我问杰克“你笑什么？”他答“不知道”，又反问我“笑什么”，我也说“不知道”。

其实也有时候是我不敢睡，我怕这场梦太美，一睡一醒就全然不在了。杰克笑我胆儿小，我还像十七年前新婚时一样，扑到他怀里撒娇，虽然这会儿的我已经是快奔五十的半老徐娘了。

“别瞎说，在我心里你永远年轻漂亮！”杰克总是不许我说自己老了。

新房子前后都是我们自家的地，杰克一直很喜欢种菜养花，这下总算是有足够的空间能让他好好发挥一下了。一开始他专挑郁金香种在前门，秋天撒一把种子进去，第二年春天就茁壮破土，自己冒出来了。但我觉得这不用打理的郁金香长出来后层次不齐的，颜色也缤纷过头，看上去一点不美观，我就跟杰克说明年种花前得先由我设计。

“特别是屋前的花儿，那可是我们家的门面，功夫一定要做做足！”

杰克听了竟大笑起来，说我“真有意思”，还冲我做了个鬼脸。不禁暗忖：这美国佬真是一点不懂门面功夫的重要性，你笑我有意思，我还笑你是傻子呢。我们俩就这样“各怀鬼胎”，视线交汇时却都忍不住笑了出来。最后我们俩各让一步，我建议杰克先在后院种上玫瑰看看效果，他照办了，还专门辟了靠近白色围栏的地方播种，每日悉心照料。不久一朵朵玫瑰就先后绽开娇嫩的花瓣来，嫣红如霞的模样煞是可爱，当花儿全部盛开时，院子里一片生机盎然，杰克的家人们来参观后也都纷纷效仿，在自家院里种起了玫瑰，就连杰克看着也忍不住夸起我的主意来。他说每天早晨坐在落地窗前祈祷完后，最期待能有一阵轻风袭来，惹得玫瑰们摇弋起身姿，好多支顺着风便温柔地倾倒在背后的白色木栅栏上，这景象真是好看极了！

有了这次成功的经验后，杰克的“农夫生活”过得更起劲了。他先后又在后院种上了海棠、月季和更多的玫瑰，还买了好几盆吊篮挂在屋檐上。记忆最深刻的是我们全家一起亲手种植小雏菊，因为杰克的妈妈名叫“Daisy（有“雏菊”之意）”，为了纪念她我们就种了一大片的小雏菊。所有的花儿从四月开始一种接着一种灿烂地开，一直要持续到十月，院子里总是各种美不胜收的景象，再搭配上不同的香气，一阵阵地飘进屋子里，真是让人心旷神怡。除了“植物区”外，后院里还有块“蔬菜区”，番茄、黄瓜、小辣椒、韭菜、大蒜、小葱……每一种都长得很好，颜色也都鲜艳漂亮。我常常做菜做到一半发现没葱了，就跑出去剪点葱，想拌个色拉就去摘几条黄瓜、几个番茄，再来点红椒。后来梅也受了杰克的影响，说要学种菜，杰克就教她先从简单易养的芦荟种起，还专门为她做了个木槽，种上了一排清新的芦荟。看着热闹的前后院，杰克真是得意得很，总向朋友们吹嘘说他的番茄今年要大丰收，都可以卖给GIENT EAGEL（美国一家知名的连锁超市）了，结果人家跑到院子里一看，整个菜园也就那么块地方，又想到杰克夸夸其谈的样子，都忍不住捧腹起来。

杰克的小花园

但我最喜爱的还是和杰克一起在后院里亲手栽下的苹果树，杰克给我买了一个长长的躺椅放在树下面，有时我下班回到家，看到夕阳正好，就会四仰八叉地倒在躺椅上，闭着眼睛尽情地享受余暇的滋润。更常常，我和杰克摘下树上的苹果，然后坐着边吃边聊。还有一次，已经是半夜了，我们洗完澡兴致却越发地好，便各自裹着浴巾，坐在苹果树下，昂头欣赏着满天的繁星，想想真是没有比这更浪漫惬意的了。

后院布置得生机勃勃，前门就更得有声有色了，我于是盘算着在草坪外的左右两侧都安上木质的庭院栅栏，看上去好像两扇门一样，很有庄园式的恬静感。杰克听我提了几次后就把这事儿给放在了心上，他想要给我一个惊喜，就瞒着我去买了材料，还“呼哧呼哧”地扛回来亲自安装好。看着自己的“杰作”，他大概又得意得不得了。可当我下班开车回来时，看到的却是两副用来圈养牛马的栅栏扎眼地竖在我家门口，那栅栏，就好像在召唤过路人“嘿，快进来看呐，我们这儿有英俊的马儿和壮实的牛！”真是弄得我莫名其妙，越瞅越觉得难看又滑稽！杰克却以为自己给了我一个完美的惊喜，满脸堆笑，等待着我一番开心的赞扬。

我只好耐着性子同他说：“这完全不是我想要的栅栏，而且你没和我商量就自作主张把它安在这儿了，所以对不起，请你拆下来拿去换了。”

这哪是什么惊喜，分明就是惊吓，就这圈养牛马的栅栏真是活生生把我们所有的心血都给破坏了。最后杰克是听我的话拿去换了，但因为我的反应大大出乎了他的意料，他面子上挂不住，心里也定是不开心了，而且他自己是很喜欢那款栅栏的，所以总觉得是我不懂欣赏他的品味。直到我们的邻居同杰克说：“小波是对的，你买的那栅栏确实不太像话了！”他才意识到也许是他的品味出了点问题。

杰克的专用围裙

自从搬进新房，我们家比起以前是更加地门庭若市，周末也成了固定的聚会派对时间，为了让朋友们能有个更宽敞舒服的地方，也为了杰克美丽的小院子能更招摇一番，我买了一个超大的木质亭子搭配两顶遮阳伞，还买了两个浅灰色厚玻璃桌以及十二把布制折叠椅，这样就可以在院子里同时开两桌。爱热闹的杰克看到这些后开心坏了，竟抱着我转起了圈。至此，只要天气好，朋友们就会相约聚在“杰克小院”，我的老板罗伯特也非常喜欢来凑热

“想不想尝尝我的美味汉堡？”

闹。每次我都会提前在亭子的四个角上放置盆栽花点缀，我总是挑那个季节里开得最美的花儿，后来我们还入手了两个大烤炉，一个是用液态煤气的，一个用碳，可以放在室外烧烤用。有时就算只有我和杰克两个人在家，他也会饶有兴致地挂着围裙烤肉、烤鱼给我品尝，我俩都一致认为用碳烤出的东西最香。每次看着杰克享受的样子，听着食物接触铁板时发出的“滋滋”声，还有扑鼻而来的阵阵焦香，我躺在折叠椅里，觉得自己真是过着神仙般的日子。

亲情

2005年秋天，罗伯特提出想正式聘请杰克成为BERK公司的一员，负责管理整个仓库，我和杰克听了都非常高兴，因为这下我们能真正形影不离了，但当我们把这个好消息告诉老姐妹凯瑟琳和麦德伦时，她们却显得很不乐意。当天晚上老姐妹就来了电话，殷切地询问杰克是否能不去罗伯特的公司，而是负责照顾她们，她们愿意支付杰克一定的酬劳。杰克没怎么考虑就答应了老姐妹的请求，对于他的选择我也表示理解和支持，这么多年照顾、相处下来，我们和老姐妹之间的感情早已升华成了亲情，而对心里满怀着爱的杰克来说，没有什么能比亲情还重要了。没多久，老姐妹又提出希望杰克做她们的监护人，“我们只相信你”，杰克点点头，接下了二老的信任，也接下了法律规定的所有责任和义务。

姐妹俩的年事都已高，生病成了家常便饭，所以她们向杰克提出想把房子卖了，住到有医疗设施的养老院去。杰克自然没有异议，就着手一边操办卖房子的事，一边联络合适的养老院。都打点好之后，我和杰克还有梅赶去帮老姐妹搬家，照着她们的嘱咐，把不要的家具卖掉，要的东西则一件件清理干净，我提前租了个储藏室，还叫了卡车和工人，这才把所有东西都运走。房子搬空后，我和杰克留下来打扫卫生，老姐妹的家面积很大，我们清理了好半天才弄好。

把老姐妹送到养老院安顿好后，本以为能稍稍喘口气，但没撑到新年，姐姐凯瑟琳就病倒被送进了医院，医生诊断说是感染了肺炎。为了照顾两姐妹，杰克只得医院、养老院两头跑，我也一下班就往这两个地方赶。好在恢复情况不错，没多久凯瑟琳就出院了，大家都很开心，杰克还计划着找工人把老姐妹最喜欢的圣诞老人都安到养老院去，让她们就和在家一样能欢欢喜喜过个圣诞。可没想到一天下午麦德伦推着姐姐在花园里散步时却忽然晕倒了，杰克接到电话后担心得不得了，急匆匆赶去把麦德伦送进了医院，医生说她也染上了肺炎，这病毒可真是无孔不入！老姐妹一前一后进了医院，我们也是跟着过了好一段两头跑的仓促生活。

“等我以后老了病了，你们就把我送到养老院去，我在那里跟老头老太们打打纸牌游戏，参加参加集体活动，不会太无聊的，你们高兴就来看看我，不来也没关系，我不想太麻烦你和小梅。”杰克认真地同我说。

“我们是不舍得把你放到养老院去的，那不属于我们的信仰。”我拍拍杰克的肩，像妈妈对孩子那样，让他别再提这种不可能发生的事。

我知道，每个人都要走到衰老病痛这一步，杰克比我整整大了十五岁，他会比我更早地体验这些，我总是想，将来不管他是老、是病，我都会陪在他身边，服侍他，照顾他，因为我最羡慕的就是两个人能白头偕老。

过了年，姐妹俩的身体都渐渐好转起来，之后的每个周末，我们都会带她们去EAT’N PARK（美国一家连锁饭店）吃饭，那是她们最爱的饭店，在里面用餐的也大多是老年人。就这么简单的一件事对杰克来说却是很辛苦的，老姐妹的腿脚都不好，去接她们时杰克得把她俩一前一后抱进车里，收好轮椅，到了饭店也要一样把她们抱下来，等吃完回养老院还得再这么来一次。但杰克从没有丝毫的怨言，对老姐妹真的是耐心十足，有求必应，他总是笑眯眯地同她们说：“只要你们开心就好。”或是拍拍胸脯，很有风度地说：“放心，有我在！”

有杰克在，我们都很放心。然而病痛缠身却是人力不可违的，老姐妹的身体一天不如一天，才过了半年，妹妹麦德伦就又进了医院。杰克告诉我说她第二天就要上手术台，医生会在她的喉咙处放一个人造的食管，放进去就不能再拿出来了。我听了很惊讶，麦德伦的身体那么虚弱，怎么还能开刀？我赶紧打电话给我一个医生朋友，向他寻求专业意见，我的朋友听了大致情况后表示应该等一等，现在确实不合适开刀。慎重起见，我又打给了我的家庭医生，他也建议先不要开刀。有了两位专业医生的建议后，我赶紧打给负责开刀的医生，希望他推迟明天九点的手术，先看看麦德伦的情况再议。后来的事实证明了我的决定是正确的，麦德伦靠药物一点点康复了起来，也没再做什么开喉咙的可怕手术。

虽然我们一家都对老姐妹悉心地照料着，每周末做完礼拜都会去探望她们，但到了年底，姐姐凯瑟琳还是因为心脏衰竭去世了，享年89岁，两年后，90高龄的妹妹麦德伦也因虚弱过度追随姐姐去了。老姐妹离开时都很安详，但我们依然伤心了许久，特别是杰克，总想着还能再照顾她们几年，能再逗她们多乐几回。麦德伦的葬礼结束后，律师向亲友们宣读了老姐妹的遗嘱，第一条便是她们一生中最爱的九个人，杰克正是其中之一，这对我们全家来说是至高无上的荣耀。

“爱我们的主，耶稣基督，

“愿您保佑凯瑟琳和麦德伦在天堂一切安好。

“感恩主让我能够拥有小波，拥有梅。我是这世上最幸福的男人。

“感恩主赐予我的一切。

“恳请主保佑我成为更好的丈夫和父亲。

“奉活着的主耶稣基督之名，阿门。”

我很爱看杰克祈祷时的样子，就像欣赏一件艺术品，屏息凝视、小心翼翼地远远欣赏着，生怕自己会打扰他纯净的灵魂。每一天，他都会祈祷上帝保佑他成为更好的丈夫、更好的父亲，但对于我和梅来说，他早已是最最完美的。

梅从一个小婴儿长成如今品学兼优的少女，十几年来杰克为她付出的点点滴滴我都看在眼里，我知道杰克是打从心底里疼爱梅。小时候，我们带梅出去玩，梅很爱躲在我的身后，杰克一回头看不到她，就紧张得不得了，我把梅从身后拽出来，杰克看到她安然无恙，就会下意识地轻拍胸脯，念叨着“心脏都快吓得跳出来了”。自打梅上学起，杰克就一直负责接送，真是比花钱雇用的司机还尽忠职守，其实梅的学校有专门的校车可以接送，但杰克说他舍不得小梅站在外头等

梅从小到大拿了很多奖

车，夏天怕她晒，冬天又担心她冻感冒了。

杰克是相当虔诚的基督教徒，每天早上都要坐在窗前，捧着他那本深蓝色封皮的圣经仔细阅读，然后做祷告。梅刚出生没多久，杰克就抱着她去教堂做礼拜了，等她长大入学时，杰克又给了她一本支票簿，教他要为更需要帮助的人捐献自己的爱心。

在教堂唱赞美诗时，他总是唱得最投入最大声，每次我都会拼命拉他的衣袖，梅长大后也会忍着笑轻轻推他，因为他的调实在走得太远了，旁边的人都会朝我们这儿看，弄得我和梅很不好意思，但杰克不管，照样自顾自地唱。“我们是去朝拜上帝的，不用管别人怎么想，他们又不会替我们付水电费。”

其实杰克也知道自己老走音，他还骗梅说教堂的合唱队不要他就是因为他唱

杰克、梅和Angel每月一次去国家养老院做义工

歌跑调，但事实的真相是：杰克在中学的时候曾自信满满地去报考学校合唱队，老师让学生们站成排一起唱，杰克唱得非常起劲，结果指挥却停下来说："听听，听听，这是谁的声音？"然后用指挥棒点着杰克，"嘿，杰克，过来……真抱歉，你不适合考合唱队。"当时同学们都忍不住笑了，杰克觉得非常没面子，垂头丧气地回家了。

不过杰克"脸皮厚"，又有乐观的"健忘症"，所以这事儿一点也没打击到他，之后的人生里，他还是照样爱唱歌，开车的时候，散步的时候，洗澡的时候……他总是满怀热诚、认真投入地走着调，还有为我和梅做菜的时候，一边做一边唱，那可是他最喜欢的，唱到一半他还会说："我在为两个我最爱的女人做菜，这是用爱心做出来的，全世界独一无二，所以特别好吃！"

杰克从不碰中国的蒸鱼，但他知道我喜欢吃，有一次就尝试着去做。他把鱼直接放在蒸笼上，然后丢进汽锅里蒸，自己觉得大功告成了，在厨房里又是哼歌又是扭屁股，结果等时间到了，拿出来一看，鱼的汤汁全部漏到了汽锅里，蒸笼

我们陪梅去参加音乐节

上就躺着一条干瘪斜眼的鱼。杰克气死了，准备把鱼扔掉，但我坚持要吃。他看我一筷子一筷子往嘴里塞，真是满脸的疑惑，我学着杰克的样子说道："这个蒸鱼很好吃，因为是用爱心做出来的，全世界独一无二！"他听了哈哈大笑。

梅和杰克很像，细细长长的眼睛，笑起来非常迷人，好像两轮弯弯的月亮，散出一层朦胧的光。但她不像爸爸那样高大，而是比较娇小型的，有一次晚上，我躺在杰克的怀里说："我们的小梅很可爱，就是有点儿矮哦……"杰克马上打断了我，"不要这么说，我们的女儿是最完美的！"看他严肃的样子，我只好"保证"以后再也不说了。

但杰克也不全然一味地宠着梅，特别是在我教育梅时，他一定是同我保持统一战线，绝对不唱反调的。梅犯错误时，我会和她分析、讲道理，态度是比较严厉的，杰克担心梅在当下还是不服气，就会跟在我后面假装正经地说："妈妈告诫你的都是对的，我太宠你，很多时候没有原则，所以你还是该听妈妈的。"但教育完上楼后又忐忑不安，反复问"这样说会不会伤到女儿"，听到楼下传来梅的声音，杰克就害怕她是在哭，一个劲儿地催我下去看看，我只好下楼，看到梅正在陶醉地唱歌。

在美国，有16岁成人礼舞会的习俗，规定参加的男孩儿必须西装革履，女孩儿们则得一身华服，由男孩儿上门接至舞会现场。但不是所有父母都会让自己的孩子去参加，因为全身的行头加上护肤美容等等，起码要花费1000美元。所以到2006年，梅16岁时，我其实也有点儿犹豫是否让她去参加舞会，可杰克却坚持应该让梅去，还像个孩子似的摆出一脸无辜的样子，不停地请求我。

"让梅去吧，拜托啦，亲爱的。"

"好啦好啦，我知道了，快被你烦死了！"我只好投降，点头同意。

准备到商场挑礼服时，杰克还有梅的两个姑姑琪琪和乔安娜都起劲得不得了，争着抢着要陪梅一道去，最后我们四个人组成了规模“庞大”的“礼服挑选团”，把店里供客人休息的座位全给占了。梅忙着在试衣间和我们面前来回穿梭，一件件试给我们看，其中一件礼服有点儿裸露，梅又粗心得很，没穿好就跑了出来。

“梅，你怎么半裸着就跑出来啦？”琪琪和乔安娜笑得前俯后仰，后来杰克还经常拿这事儿跟梅开玩笑，说她是“可爱的半裸小女生”。

替梅打点好一切后，杰克当司机，我当助理，亲自护送梅和她的男伴史蒂芬（Stephen Xu）一起去舞会。一路上杰克都很兴奋，一个劲儿地赞美女儿，顺便也赞美他自己，正所谓“有其父必有其女嘛”！杰克开了一个多小时才到达目的地，却没想到因为梅的年龄还没完全符合规定，主办方怎么都不让进，最后我们四个人只好灰溜溜地上车，再开了一个小时回家去。为了弥补遗憾，让梅开心，到她正式过了十六岁的生日后，我们又送她去了两次类似的舞会。

梅和舞伴史蒂芬

成年后，梅吵着要学车考驾照，我们请了专业的老师来带她，其余时间都是杰克自己教。很多朋友都用自己的前车之鉴劝杰克，叫他把梅托付给老师就好了，千万别自己教，两个人有代沟，各执己见，最后就会吵得天翻地覆。但杰克不信，“我女儿是绝对不可能和我吵架的。”他自信满满，同时也非常耐心仔细地教梅，两个月下来，果真是一次也没吵过，连争执都没有，父女俩合作得非常愉快。朋友们都很佩服杰克，朝他竖起大拇指。

2007年夏天，我们又举家回中国探亲度假，这次先是去了浙江东阳的横店影视城。影视城里多是仿古的建筑，明清宫苑、秦王宫、清明上河图、大智禅寺……气势磅礴的宫殿，园里五步一楼，十步一阁，廊腰缦回，檐牙高啄的精巧设计简直是让杰克和梅这两个土生土长的美国人看傻眼了，就连我也觉得好像瞬间穿越到了古代一样。导游告诉我们，美国的《好莱坞》杂志称横店为“中国好莱坞”，杰克一听更加兴奋了，竟在人头攒动的景点处指着梅大声嚷嚷起来。

“嘿，快过来看啊！我身边的这个女孩儿可是好莱坞的明星！”

我正想赶紧阻拦杰克的“国际玩笑”，却不想好多游客都信了杰克的鬼话，一下子蜂拥而至，争着抢着要同梅拍照留念，还向她索要签名，梅骑虎难下，只好配合地摆出各种姿势，满足游客的要求。站在一旁的杰克则摆出一副大牌经纪人的样子，一边维持秩序，一边让大家“别激动”，梅也一脸的灿烂笑容，还以为她同杰克一样，正享受着这种明星待遇，后来才知道，她是被杰克突如其来的疯狂举动逗得实在忍不住笑。

父女俩在横店留影

其实梅的个性是属于斯文内向型的，但不知道为什么，只要和杰克在一块儿就会跟着他一起“人来疯”。就像我最怕回宾馆时同这父女俩一起坐电梯，因为一上去杰克就会躲在最后一排开始学放屁的声音，然后指着某个陌生人说：“那人放屁了。”梅就捂着嘴闷笑，电梯里听得懂英文的人也跟着一起笑，搞得听不懂的人一头雾水，莫名其妙，有的还下意识去摸自己的脸和头发，生怕大家是在笑他，紧张的样子让其他人笑得更欢了。有时坐在车上，真有人放屁了，父女俩就急着澄清。

“我可没干这事。”

“我发誓这个屁不是我放的！”

“我也发誓！”

我只好摇摇头，无奈地用上海话骂这两人一个是“老十三点”，一个是“小十三点”。

旅游完后，我们回了上海，我的好友王老板夫妇在金茂大厦的饭店里花了近一万块盛情款待了我们，他点了很多名贵的菜肴，鲍鱼、鱼翅、鱼唇汤，还特意选了一条价格不菲的海鱼做成清蒸的。色香味俱佳的菜一道道上桌后，杰克和梅却不怎么动筷子，王老板觉得很奇怪，又怕是自己招待不周，就一个劲儿地请杰克尝尝新鲜热腾的清蒸鱼。杰克却调皮地学起了盘中鱼的样子，又是斜眼，又是翻白眼的。

“我不敢吃啊，它正斜眼瞪着我呢！”

大家听了都哈哈大笑起来，从此只要有人请客，我就提前打招呼，叫大家千万别浪费钱，也不要点瞪着眼珠子的鱼，“因为我们家杰克胆小，不敢下筷！”

回美国后不久，我和杰克迎来了我们结婚20周年的纪念日，那天一早我们就收到了梅送来的祝福卡片，里面的每字每句都让我和杰克有想要掉泪的冲动，也让我们再次确定了用爱搭建起的人生是那么有意义。

亲爱的爸爸妈妈，

祝你们结婚20周年快乐！

我想说，我好爱你们！

我从没见过像你们一样很少争执、对彼此无比珍爱的夫妻，你们太棒了！可以说是所有人的模范，还是这世上最好的父母。你们对我的爱和关怀没有人可以超越，所以我能深刻地感觉到你们是多么爱我，我希望你们能知道我也同样地深爱你们！

20年了，我们依然恩爱如初

亲爱的爸爸妈妈，你们教了我太多对人生有益的道理，我虽然不是完美无瑕，但因为你们的教导和示范，我才有了对生活的追求和期待。

祝你们未来的20年也同样幸福快乐！

你们的爱女

小梅

“连体人”

美国人相信一种说法：保持一颗童心能够让人更加长寿。这样说来的话杰克的寿命一定很长，因为在生活情趣上，他总像个长不大的孩子，保持着一颗快乐无比的童心。

隔三差五的，他明明早就起床，见我醒了却又躺回床上，装作赖床的样子，还学小婴儿那样“呜呜”地哭，非要我拍拍他或亲他一下才肯罢休，否则就越哭越伤心，我只好照做，然后说：“早上好，宝贝，你可以起床了。”“遵命！”刚说完，他就“噌”地一下跳起来，还朝我眨眼睛，惹得我大笑。18

要是我生他气了，他也是这样，双手掩面地装哭，一边假哭还一边透过手指缝来看我的反应。我其实都看见了，于是就以其人之道还治其人之身，故意做出一副很严肃的表情，杰克以为我还没消气，就会像小孩一样伸手来拉我的衣袖，我不理他，他就嚎啕大哭起来，演得可逼真了，哭到后来都喘不过气来，我使劲忍着笑，感觉真是快要抽筋了。

自打结婚后，就连剪脚趾甲这样的事儿他都爱缠着我，撒娇要我帮他剪。有时忘了帮他剪，他就跑到我身边嘟着嘴说：“我的趾甲没人管喽，”然后翘起一只脚丫子，“你再不剪，我都可以去爬树了！”想想真是又可爱又可气，这脚趾甲剪着剪着，二十几年就过去了。我总笑杰克是“年龄一大把，心态却永远十八”。

杰克精心准备的礼物和“床上早餐”

在美国有种说法：看饭店里吃饭的男女，如果彼此间交流很少，那多半是结过婚的，相反如果交流甚欢，则一般都是恋爱中的未婚男女。然而我和杰克结婚这么多年了，却依然有说不完的话，每次到饭店吃饭，只要杰克一开口就会使我胃口大开，我还觉得我们之间的对话总是充满着罗曼蒂克的气息。

情人节晚餐

杰克会问我："我今天同你说过'我爱你'了吗？"如果我说"好像还没有"，他就会认真回答："好吧，那我现在告诉你，我不是爱你，我是爱你爱得要发疯了！"

我坚定不移地相信杰克说的，而这也是我们身边所有人公认的事实。杰克的姐姐乔安娜好多次说过："杰克和小波有着不小的年龄差距还有不同的文化背景，但却宛若一人，就好像天生是对'连体人'。"确实，只要同在一个空间里，我们俩必定是黏在一块儿，形影不离。

我常对杰克说："你就是一朵完美的太阳花，晚上和我一同入眠，花就关上了，第二天早上我一张眼看到的总是你灿烂的笑容，于是花又开了。”

有时，我下班回来觉得很疲惫，就告诉杰克我想先睡半个小时再起来吃饭，杰克总是用力地点一下头说：“好的！”然后拉着我的手狂奔向卧室，重重地仰面躺倒在床上。

“我们现在开始睡觉了，一、二、三，闭眼！”

杰克和我手牵着手入眠，就如当初一样，每次都是不到三分钟，就鼾声四起了，好像他也很累似的。我特别喜欢听杰克的鼾声，知道他睡得很香，我也就可以安心入眠了。

常常在我晚上洗澡时，杰克会抱着大毛巾坐在浴缸旁边，陪我天南地北地聊，常常，他会说些不正经的笑话来逗我，我就边装作很害羞的样子，边撩起一手掌带着可爱泡沫的水往他脸上洒。我说我耳朵痒，杰克就递给我一根棉花棒，然后自己也会拿一根很认真地掏起耳朵，好像他也正好耳朵很痒。

就算在各自上班工作时，我们也同样心系着。一天里要通好几次电话，甚至更多，其实也没什么要紧事说，就是习惯听到对方的声音，随便说上几句也觉得安心。琪琪总是嘲笑我们俩搞得好像隔着千山万水那么远似的，我就开玩笑说：“没错呀，杰克和我可是一对‘连体人’，一分钟都不能分开的。”

我觉得自己和杰克之间确实存在着一种十分强烈的心灵感应，常常是他还未开口，我就知道他要说什么，他一个眼神，我就马上明白他需要什么，反过来也是一样。

杰克常爱故意对罗伯特“抱怨”：“小波在工作上的责任心太强了，都快爆棚了！”对此，罗伯特也非常赞同，他总说：“小波做事很用心，所以成功的几率很高。”

自从进入BERK公司工作，我确实喜欢每件事都亲力亲为，这样的情况一直持续了四年。其实我若去向罗伯特申请助手，他一定会同意，但我真的是从未动过这个心思，就好像上了发条的机器，只晓得自己要一往无前，为公司尽量多地贡献，所以就连第一年的巨额电话费我也没有想过要去报销。直到我的同事看不过去，自告奋勇地去找老板申请，我的身边才有了两个助手。

但中美之间的时差是没法改变的，所以我每天还是要工作到十一点左右。杰克一般都比我早上床，他喜欢一边躺着看电视一边等我，看到精彩的地方还会大声叫我过去同他一起欣赏。他知道我思乡情切，特意给卧室里的电视安了卫星，能接收到二十多个中国频道。我的办公室就在主卧隔壁，工作中间我也会抽半个小时溜到卧室去“骚扰”杰克。他最喜欢躺在床上看我跳舞或表演太极，每一次都是又拍手又叫好的，我被他这么一闹，也会有点儿“人来疯”，踢腿扭腰的更起劲，杰克就冲我吹口哨，大叫：“美极了，再来一个！”更多的时候，我和杰克一起靠在枕头上，或是陪他看他喜爱的节目，或是翻译中国的新闻给他听。有段时间，杰克很爱追看韩剧《大长今》，其实他不太能理解里头的剧情，仅仅是因为太过热爱美食，所以常常是电视还热闹地开着，杰克的鼾声却已经此起彼伏了，我就故意挠他的脚底心，杰克怕痒，我一挠他，他就惊醒过来，向我连连求饶，可我一停手他却又反过来挠我，我们两个人在床上扭来扭去，最后总是笑作一团。

我们的“睡前会议”桌

每周六，杰克都会送我去美发店做头发，其实家里离那儿才五分钟路程，但他依然坚持要接送。等做完后，他总像欣赏艺术品似的看着我，一个劲儿地称赞我漂亮。有次我对着镜子照时发现自己多了几条皱纹，便随口叹道自己老了，皱纹都多出来了。可杰克却马上说："在哪儿啊？我怎么看不见！你现在比任何时候都年轻！"听了这话，自信心真是不自觉地就油然而生了。

隔一段时间，我会去医院的妇科做定期检查，杰克每次都陪着我，妇产科的医生都认识他了，还同我说："快二十几年了，你老公每次都陪你来做检查，真让人羡慕。"确实，不管生什么病，做什么检查，我们都会请假陪伴对方，因为我和杰克都觉得自己有责任要比医生更了解彼此的身体状况。

然而快乐的"连体人"生活背后总免不了一些节外生枝的小麻烦，比如因为工作关系，常有美国、中国的大款跟我吹嘘说他们的床上功夫很好，想请我同他们一起刺激刺激。碰到这种无聊的事儿，我总是用句最简单的"没兴趣"一口回绝，我和杰克领证的时候可是发过誓的，既然是誓言就该遵守，而不是打破，所以我们都绝不可能做出对不起对方的事。更何况，我们俩是"连体人"，我不可能带着杰克一起去"赴约"吧。想到这儿，我自己都快笑喷了，不禁暗忖：杰克真是讨厌，都把我带坏了。

但类似的事对杰克却多少会有些影响，有一次他终于忍不住对我说："小波，我其实配不上你，你可以找到更好更优秀的男人。"我一听这话就毫不犹豫打断了，我告诉杰克："我和你各有各的长处，对我而言，你就是全世界最优秀、最适合我的男人，所以以后不要再讲这样的话了。"实际上，我也真的是更喜欢杰克大气爽朗的风度，他总能随时随地叫我开怀大笑，还有他心里装着的满满的爱，那是谁也及不上的。

2007年底，杰克接到一个好朋友的电话，说是花6000美金买了条品种很好的德国猎犬，想请杰克重新“出山”，帮忙训练，杰克听了很心动，但怕我担心、不同意，就先排了训练日程然后来问我的意思。

“你准备训练多久？”我确实有点儿担心，杰克很久没训狗了，而且现在年纪也大了，“你朋友家也不在这儿附近，你不会要住到那里去训吧？这个我是绝对不同意的噢！你不在我一个人怎么敢睡觉。”

杰克看我着急，立马拍了拍我的肩叫我放心，“就算你敢我也不肯让你一个人待在家里啊！我都安排好了，一周去三天，都是白天你上班不在的时候，周末如果你愿意，我们就一起去玩玩，你不想去的话，我也就不去了，”说着，还把一张完整的时间表递给我看。看杰克的样子，我知道他很想去做这件事，便答应了，说：“那就试试看吧。”

那只猎狗叫“高兴”（Happy），训了一阵后，朋友们就怂恿杰克带着它去参加比赛，我和梅也受邀一起去观看。结果比赛时，小高兴压根不听指挥，叫它安静时它就到处乱跑乱跳，要它活跃时它又乖得出奇，杰克被这小东西整得没了脾气，自己都笑了出来。我和梅也觉得实在滑稽，两个人笑得眼泪都快出来了。我们一起嘲笑杰克，说他训的什么狗，根本就不听话，“看了半天，主动权完全在高兴手里嘛！”杰克听了大笑，摊开双手耸了下肩，无奈地说：“高兴实在太小了，还是个‘婴儿’，真是没办法。”

玩笑归玩笑，我心里是很肯定这个小“婴儿”不需要多少时间就会对杰克“俯首帖耳”的。果然，高兴的个子才没长多少，就已经成了杰克的跟屁虫，每次看完训练，我都会由衷地感叹杰克和高兴是结下了深厚的“战斗”情谊。

杰克爱狗是天性，虽然很多年没做训狗师了，但那份和小动物之间的默契已是根深蒂固，磨灭不了。我知道他是真心喜欢，所以到2008年夏天的时候，我特意为杰克办了一场派对，专门邀请了他那些当训狗师的朋友。开始之前，杰克让我发言，我就说：“这个‘狗朋友’聚会是精心为你们策划的，你们就好好享受吧！”结果一整个屋子的外国人都欢呼起来，还大叫“小波，我爱你”，剩下我一个中国人，笑到快岔气了！后来我把这事告诉了我的中国朋友们，他们听了乱笑，一个个都说我“太坏了”。

与“高兴”合影，美国宇航员John Glean在上面签名

比赛中

那个夏天真是快乐极了，我和杰克一共办了四五次派对，我们请来了杰克的中学同学、杰克的家人和孩子们，还有我大学的导师、同学、朋友们……所有人都夸赞我们家布置得温馨舒适，也免不了听信了杰克说他种的菜能卖给连锁超市的“鬼话”，等亲眼见识到他的花园和菜园时又集体大笑。每次派对前，我们一家三口都是分工明确，杰克披挂上阵——穿着印有白色“Jack”字样的围裙，在后院的草地上做他的烧烤大厨，我负责房间布置还有水果色拉的制作，梅则能做出好几道美味的热菜来。亲朋好友们坐在我们买的四角亭里，大口喝着冰镇啤酒和各式饮料，大口吃着来自中、意、美三国的食物，空气里弥漫着欢声笑语，还有阵阵烤肉的焦香味，一场狂欢接着一场，真的是好不热闹！

后来还恰逢中国的客户来美国旅游，罗伯特强烈建议把欢迎仪式放在我们家办，我和杰克肯定是欣然答应。为了给远道而来的客人们一个惊喜，我们俩商量了好几个晚上，最后决定除了常规的吃喝之外，还要安排几个有趣的余兴节目。我肯定是免不了要上台表演太极和舞蹈了，杰克还提出了一个更热闹的——舞狮，他在义乌的工厂见过，觉得好玩得不得了，我笑他是“假公济私”，趁着机会满足自己的愿望，但心里倒是很赞同，幻想着到时一定会火爆全场，正好我知道一个叫马克（Mark）的朋友会舞狮子，便热情邀请他来。

到了派对那天，场面简直比我想象的还要火热，特别是杰克和罗伯特，两人一搭一唱，充当起了主持人，夸大其词地说他们请来了中国的太极大师，还有来自拉斯维加斯鼎鼎大名的舞狮高手——其实就是我和马克，杰克还说：“我们的派对没有高潮，因为从头到尾统统都是高潮！” 客户们乐疯了，整个派对从白天延续到了晚上，从室外挪进了室内，最后大家都意犹未尽，依依不舍，吵着“明天不去玩了，继续到杰克小波家开派对”。

每年夏末，老板罗伯特都会组织公司的全体员工来个欢乐大聚会，2008年是安排在一个水上公园里。我和杰克穿着红艳醒目的情侣T恤，手牵着手出席，惹得所有人都投来了羡慕的眼光。自由活动时，我和杰克租了一条小船，我们俩坐在船上，杰克拥着我，笃定地踩着踏板，船儿慢悠悠地前行，在湖面上迫出一道道涟漪，明澈的水波发出轻缓的“汩汩”声，听着真就叫人舒服。午后的阳光则在这微波荡漾中调皮地雀跃着，耀眼的黄色满满地洒了一湖，虽是热烈倒也不刺眼灼人。这样无忧无虑的快乐日子真是神仙过的，我闭上眼尽情地享受着，呼吸一口，觉得连空气也是蜜糖般的甜。

我想起经常听到的一种理论，说婚姻是需要经营的，但我同杰克在一起的21年里，却发现两个人若是真心相爱，其实也不需要刻意地经营什么，互相支持、

在后院开派对

包容，共同面对生活的顺境和逆境，一起做出决定……每一件事都是那么地顺其自然。爱他，便是爱他的全部，这是一件非常美好的事儿。

热闹的夏天过后便是入秋了，天气渐渐发凉，杰克又像往年一样准备把院子里的四角亭、桌子还有折椅一件件搬到储藏室里，我心疼他受累，毕竟杰克的年纪有点儿大了，就建议说把桌子、椅子都放到四角亭里，然后去买块大的塑胶布把亭子盖起来，这样也不怕风吹日晒的会弄坏，到了夏天还能直接拿出来用。

“好主意！明年我还想开个Bacci Court（一种意大利的铁球游戏）派对，把我那些老朋友统统请来，好好乐一乐！”

“没问题啊！”

杰克像个孩子似的欢呼起来，还要同我击掌庆祝。我知道这个派对是杰克的小心愿，所以也很开心，还幻想起了明年夏天的“盛况”。

“你喜欢亭子，我们明年就再去买个更大的，就像街心花园里那种，木头做的，再涂上白色的漆，很好看。”

“明年再说吧。”

太阳破碎的人生

噩梦突袭

我曾听一个好朋友说过：生活中的幸福常常是以一种朦胧的姿态出现，你说不清，道不明，甚至还会看不见，抓不住。可我却觉得自己生活中的幸福都是那么具体，每天早晨睁开眼睛，就能看到阳光优雅地漫入房间，能看到杰克绽开的笑脸，我觉得好幸福；出门前能看到杰克捧着圣经、虔诚祈祷的侧影，我觉得好幸福；晚上回家，在“睡前会议”上能同杰克互相“汇报”一天的生活，我觉得好幸福。春天，我们一家三口一起迎接那第一抹绿色映入眼帘，一起感受微风拂过脸庞时的柔情蜜意；夏天，我们一起拥抱四射的骄阳，任由盛开的百花拥簇着，与亲朋好友们举杯欢庆；秋天，门前的红叶开始飞舞，我和杰克就手牵着手在夕阳下散步，长长的影子融在一片和煦的金色中；到了冬天，外头是银装素裹的世界，屋里面是其乐融融的一家，杰克说着好笑的话，我和梅裹着轻柔的毯子，笑得前俯后仰……生活里的每一天，每一刻，都由这种叫做幸福的东西串联组成，我不仅看得见，还摸得着，听得见，尝得到，这感觉，不需要用手去抓，只需要用心享受便是。

我们都敞开了心扉，尽情拥抱着一切美好，没一个人想到天会有不测风云，人亦是有旦夕祸福，幸福和不幸之间的距离或许只有咫尺，对此我们真的是毫无意识，可谁又能未卜先知呢？！谁会在快乐的云端徜徉时想到一个转身便会坠落地面，大祸临头……

11月，一天，杰克突然抱怨说右腹部有痛感，我听了很紧张，催促他去看医生，但杰克偏说是训练高兴时跑来跑去，加上不小心被它撞到了一下造成的，没什么要紧，叫我安心。但我怎么可能放得下心，上班上到一半，想到这事就忍不住给杰克打电话，劝他去看一下，买个放心。

“你每天喂我吃那么多营养品、保健药，我怎么会生病呢？而且我才刚去退伍军人医院体检，一切良好，你忘啦。”

杰克这人一旦固执起来真是拿他没办法，但想想他说的也有道理，体检报告说没事应该就不会有什么大问题，我于是没再坚持。

谁知到了12月，杰克犹犹豫豫地告诉我，他的右腹部越来越痛，都快忍不住了。

“你为什么要忍着？！为什么不早点告诉我？！叫你去看医生你偏不去，怎么那么不听话呢！”

我真是又急又气，劈头盖脸责怪了杰克几句，他像个犯错的小孩，低头默默挨着。冷静之后，我赶紧给医生打了电话，预约了最快的检查时间，还向罗伯特请了假，准备陪杰克一起去。

第二天，在医生的要求下，杰克做了好几项检查，我的一颗心也跟着起起伏伏，不得安生，好在结果都显示没什么问题，刚松一口气，最后一项肠镜的检查报告却给我们来了个惊天霹雳，医生把我叫到一边，告诉我他已判定杰克是得了肠癌……一瞬间，我觉得自己腿脚发软，喉咙干涩，害怕得头皮上都起了小疙瘩。之后医生又说了些什么，可我完全记不清了，他的声音就好像从深邃山谷里飘来的回音，让人有种恍若隔世的感觉。反倒是杰克，还镇定地握住我的手，安慰着我的惊慌失措，从他指缝间传来的温度让我的心脏和意识都缓缓复苏，我看着杰克，他冲我点了点头，还赠与我一个如同平日般暖心的微笑，那一刻，我只感觉有一种类似眼泪的液体卡在鼻腔里，酸酸的，但不敢往外流，也无法咽下去，那种感觉真是太糟糕了！

我深吸一口气，强迫自己要勇敢要冷静，美国的医疗科技那么发达，肠癌早就不是什么不治之症，而且杰克的癌症很可能是还在萌芽期间就被发现了，他那么虔诚，那么善良，上帝一定会庇佑他的！我找了一堆乐观的理由安慰自己，鼓励自己。我问医生接下去该怎么办，他给了几种建议，分析利弊后让我自己考虑，其中一个办法就是做切除手术，这让我马上想到了一个好朋友，她被确诊患了乳腺癌，星期一发现，星期三就接受了手术，后来恢复情况很不错。她跟我聊过，说癌症这东西随时都可能会转移，所以绝对不能拖，于是，我当即给了医生答复，我选择手术这个方式，并且要求越快越好。我也握紧了杰克的手，希望可以传达给他一些力量，虽然他看上去是那么镇定，我看着他，告诉他："不用担心，就是开个刀，一定会没事的！" 杰克调皮地朝我眨眼睛表示同意，我只好冲他笑了一下，心里其实紧张得要命。

我们和医生继续商讨开刀事宜，谈到该由谁主刀时，在场的一个护士热情地向我们推荐了一位医生，她说："如果我或者我的父母兄弟生病了，我一定找这个医生！”看她信誓旦旦的样子，我对那位医生也油然产生了一种信任感，加上我不想杰克的病情耽误哪怕一天，于是当下问了杰克的想法，他显得有点儿犹豫，我以为他是担心手术的风险，便更用了些力气握着他的手。

“没事的，我会一直陪着你。”

杰克点了点头表示赞同，手术的事也就定了下来。

回家后，我左思右想，为保一切安全，还是给医生打了个电话，我提出能否请他到另一家医院给杰克开刀，因为当时完全没有想到杰克会得什么要紧的病，所以只是就近选了家医院做些检查，现在要做切除手术，那肯定得重新选一家条件、设备各方面都最好的医院。但医生告诉我，他习惯在现在的这家医院做手术，临时换个地方并不有利于他的发挥。听他这么说，我只能放弃了自己的想法，一心配合他，拜托他能医好我的杰克。

等待手术的日子真的很漫长难熬，我的一颗心完全悬在了半空中，慌忙意乱、忐忑不安，在家吃不下，睡不着，每天上班也根本没法再全神贯注，但我必须尽力掩饰，我总是在公司给医生打电话，询问病情，还要求梅也不要表现出任何负面的情绪，就保持和往常一样轻松的心态，以免影响到杰克。手术原本定在周三进行，可我没法控制自己的心急如焚，想来想去还是忍不住亲自去了医院，找到医生，请求他将日子再提前一点。商量了半天，医生终于同意将手术提前一天，我开心坏了，不停地感谢那医生。

手术三天前的周六，我们最要好的朋友郑百洲医生夫妇特意邀请我和杰克、蒂娜，还有杰克的亲戚娄（Lou）一起去高尔夫俱乐部聚餐。在餐桌上，杰克就和平常一样，尽情享受着美食，一边还谈笑风生，给朋友们带去快乐。

郑医生的太太芝华忍不住感叹：“杰克，你怎么能那么淡定？要是换做我，我肯定吓死了，连觉都睡不着了，难道你真的一点都不担心害怕吗？”

杰克听了，笑着放下餐具，身体自在地靠在椅背上，语气平和地说：“我真的一点也不害怕，我很平静，平静得让我自己都不敢相信。想想一直以来上帝都是那么地恩待我，让我遇见了小波，还让我有了梅，上帝让我成了世界上最幸运的男人，有了一个完美的人生，我没有遗憾，所以现在，不管上帝要什么，我都可以接受，唯一牵挂和舍不得的就是我的家人，小波和梅。”

杰克说完这番话后，餐桌上一下子静默了，我悄悄地背过身去，拭去眼角的泪，回头却发现对面的蒂娜已经是热泪盈眶了。

“你真讨厌，让我们又哭又笑的，好像疯子一样。”

我轻轻推了一下杰克的臂膀，试图让气氛别那么凝重，大家也都配合地笑了。

饭后，我们都去了郑医生家，他那儿有很棒的卡拉OK设备，杰克一直很喜欢和郑医生凑在一块儿高歌几曲，那天也一样，他们俩勾肩搭背，扯着喉咙跑着调唱了好多首怀旧歌曲，从猫王到圣诞歌，看得我们大笑不止，拍掌拍得手都痛了。后来想想真恨不得将这一刻静止了，可那时却坚定地想着这样的好时光以后还会有很多很多……

到了周日，杰克的家人自发地倾巢出动，浩浩荡荡去了教堂，为杰克祈祷，祈祷上帝庇佑他一切顺利。在教堂的时候，看到大家都那么慎重地闭眼祈祷，说实话，我心里很害怕，我感到一个故意掩饰了许多天的事实又被赤裸裸地翻了出来——杰克得的不是感冒，不是发炎，而是可怕的癌症！我一直不想直面这个会让我毛骨悚然的事实，更是刻意在避讳手术中可能存在的风险，我只想把这件事最简化，杰克病了，医生要给他开个刀，然后他就会康复，我每天不断地如此催眠自己。

从教堂回来后，连杰克也变得有点儿古怪，他一个人默默地坐在料理台旁，不停地将硬币倒入新买的清装器（一种能将零散硬币摞成一卷的机器）里，再摇成一摞放好。看着他机械地重复这个动作，我的心头莫名升腾起一股股悲伤来，还伴随着一种不祥的预感——杰克这次上手术台，会不会是凶多吉少……我怎么会这样想？！太不可思议了！我怎么可以想到这么糟糕的境地呢？杰克还好好地在我面前呢！我开始生自己的气，我对自己感到非常非常地愤怒和不满，我用尽全力在打压这个可怕的念头，即使只是个假设，我也不能容忍它的存在，可它竟强大得很，从心里到脑子里，猖狂地行进着。我觉得我快疯了，但我不能表现出来，一分一毫都不行，杰克此刻肯定也很紧张，我必须守护他。我缓缓地吸了一口气，再深深将它吐出，幻想着我正在把所有的不吉利倾吐干净，我闭上眼睛，默默祈祷，我要求自己在睁开眼睛的时候必须恢复往日的轻松，我希望自己可以继续为杰克带去幸运。

“嘿，杰克，你不会是在害怕开刀吧？” 我走向杰克，拍了一记他的肩膀，笑着故意打趣道。

“我才不怕开刀呢……”杰克停止了摇清装器，他顿了顿，“但我怕插输尿管，肯定很痛的。”

我从来没有见过这样的杰克，说话的神情不再生龙活虎，语调也不再是铿锵有力，在他的身上看不到一向自信乐观的痕迹，也没有那能使冰块都融化了的笑容，他就像个失去了安全感的孩子，是那么脆弱。我将他的头整个儿埋在自己怀中，轻柔地抚摸着他的黑发，那是为了我才染黑了半辈子的头发，我学习着平常杰克保护我、给我安全感时的样子，继续开着玩笑：“我们杰克可是天不怕地不怕的，怎么会怕插管子呢，而且插之前肯定要打麻药啊，等插的时候你都昏过去了，哪里还会觉得痛呀。”

杰克叹了一口气，很轻微的，但他正乖乖地靠在我柔软的肚子上，所以我能感觉到。

“小波，我觉得很对不起你，毕竟我得的是癌症，听上去就很恐怖。”

“这有什么好对不起的呀，每个人都会生病，以后我也会，我们会一直照顾对方，永远都是。”

杰克降低了声音，“可……可我比你老……真想一辈子都是我照顾你，真该死！我怎么会得了癌症呢……”

我把他的脑袋重新揽进怀里，轻拍他的后背，就像妈妈哄小孩入睡时那样，脑中开始放电影般闪过一幕幕情景……杰克最爱在我醒来时故意装作赖床的样子，还学小婴儿那样“呜呜”地哭，非要我拍拍他或亲他一下才肯罢休，否则就越哭越伤心……我生他气时他也是这样，双手掩面地装哭，一边假哭还一边透过手指缝来看我的反应，要是我不理他，他就嚎啕大哭，哭到后来都喘不过气来……我越想越觉得害怕，眼泪止不住地破眶而出，眼前家里的样子都模糊了，我不敢哭出声，只能在心里苦苦哀求，不管是上帝耶稣还是菩萨神仙，我求他们保佑我的杰克能平平安安回来，我可以什么都不要，房子、车子，所有的我都不稀罕，我只要杰克，只要和他白头偕老就心满意足了！

手术的时间只提前了一天，可之前的准备工作却都变得匆匆忙忙，我本来和罗伯特约好了周一回公司请个长假，把手头的事都交代好，因为杰克开刀、术后恢复都需要时间，我肯定得一直陪着，可医院却临时通知杰克上午就要去抽血，时间实在来不及，我只能安慰杰克，请他自己先去医院，我尽可能快地赶回来陪他。杰克很乖地答应了，还叫我别担心，开车千万慢一点，我听了心里更着急难过，我知道他其实不愿意一个人去医院。

我飞车赶到医院时，杰克已经抽完血了，医生给了他一种腹泻的药，关照他回家以后按规定每隔一段时间就喝一次，目的是在手术前把肠子清干净。这种药很难喝，喝完之后还会不停腹泻，到最后就是泄清水。这么闹腾了半天，杰克已经是筋疲力尽，脸色发白，我心疼得快滴血了，但还是鼓励他把药喝下去，为的就是能让第二天的手术进行得顺利一些。杰克真的很听话，每一次都把药喝得干干净净，难受到连说话的力气都没有了，还要反过来安慰我，逗我笑，我叫他"别害怕，把药喝下去，明天就会没事的"，他就说："不怕，就算你给我吃毒药我也照样吞下去。"

到了晚上，我和杰克躺在床上，我拉着他的手，一起向上帝祈祷，然后帮他盖好被子，"命令"他一定要睡好这一觉，才有精力应付明天的手术。大概是腹泻已经让杰克虚脱了，这一觉他睡得还可以，但一旁的我却是整夜难眠，我紧握着杰克的手，在心里为他祈祷，不敢翻来覆去，怕打扰他，更怕他发现我的紧张害怕，所以只能一直睁着眼睛，但屋里黑漆漆的什么也看不见。我不停地告诉自己，这个手术是凶是吉我也不管了，我豁出去了，反正最坏的结果也就是病没治好，那我就再带杰克去看，美国也好，中国也好，我一定可以找到最好的医生，就算是他一病不起，我也愿意守着他，甘心伺候他下半辈子。我做好了一切准备和杰克同甘共苦，却怎么也没想到还有比糟糕更糟糕，比可怕更可怕的结果……

周二一早，我们就出发去医院了，梅原本也想请假陪爸爸一道去，但我还是打发她照旧去学校上课，也许是潜意识里想要营造一种很正常的气氛吧，真的是一心盼着我们一家能尽快恢复平日的生活，上班的上班，上课的上课。

到了医院，杰克同前妻的女儿还有他三个姐妹以及她们各自的女儿都已经等在那儿了，我们一起陪着杰克进了临时病房，一个实习医生开始给他输液，我们就在旁边围着他，杰克自嘲说他好像国王一样，被我们一堆"娘子军"众星捧月着，大家都被他逗笑了，但我心里却实在笑不出来。我总觉得呆在这家医院里有种说不出的感觉，好像看什么都不太顺眼，我想同有关医生最后沟通一下，等了半天也没人，只有一个姗姗来迟的护士简短地接待了我们，直到快要手术前，医生才出现，他告诉我们手术大约要进行两小时，还画了张示意图给我们看，我也听不太懂他说的医学术语，只一个劲儿地拜托他治好我的杰克。

杰克安静地躺在移动病床上，护士推着他准备进手术室，我们一群人紧紧跟在他身旁，三个姐妹都笑着给他加油打气，琪琪拉着杰克的手说："你是个爷们儿，别怕，我们都在这儿等你生龙活虎地出来！"我紧紧握着他另一只手，心里真是有千言万语，却都哽噎在喉头，一下子不知道说哪句才好。护士推开手术室的大门，我的心顿时抽搐起来，好像绞毛巾般地纠结，我拽着杰克的手，真的不舍得放开，我努力绽开一个笑容，俯身亲吻了他，那是一个绵长深情的吻。

"我爱你。"

最后一刻，千言万语只化作这一句，但杰克会懂的，我知道。手术室的大门重重地合上了，我的手心里还留有杰克的温度，却不知为何感觉那扇门是将我们阻隔在了两个世界。

接下去的两个小时，我简直无法用言语来形容，家人们或站或坐，不时地交叉食指虔诚祈祷，其余时间则都低头保持着沉默，整个儿空间寂静得让人心里发怵。手术室外的挂钟"嗒，嗒，嗒"地走着，那一丝不苟的声音听上去真是叫人觉得冷酷又严苛，一点儿都没人情味。琪琪一直握着我冰凉的手，试图给我温暖和力量，她好像还说了点什么，可我却感觉不到，也听不清楚，仿佛自己正处在另一个时空里头，也许是悬崖峭壁，又或者是万里高空，只需施加一丁点儿外力，我就万劫不复了。真是好奇怪，连我自己都不知道我怎么会有这样恐怖的感觉。

我看着手术室的大门，只一扇门而已，却真的划分出两个互不知晓的世界来，我们在这头坐立难安，也不知杰克在那一头好不好，顺不顺利，我们只能团结在一起，坚强地撑到手术完成那一刻，好在我们都做到了。手术结束后，医生先从那扇门里走了出来，我们一拥而上，就像等待着医生的“宣判”似的。

“手术算是顺利的，我已经尽可能多的做了切除……”

这几个字对我们而言真是比金子还珍贵，听到之后每个人都如释重负，吐出了一口气，肩膀也跟着松懈下来，大家急忙感谢起上帝来。

“但是癌症好像有点儿转移了，到底转移到哪里我也不能确定，只能等切片出来才知道。”

谁能想到医生的后半句话直接来了个急速大转弯，让我们像坐过山车似的玩起了心跳。

癌症转移了？这代表什么？不是说手术成功了吗？那现在到底是有救还是没救？医生一句“现在还没法确定”就让我们把所有疑问活生生吞了下去。杰克随后被推了出来，我只能先忙着顾他。

进了病房安顿好之后，所有人还是像上午一样，围着守着还没醒来的杰克，一直等到傍晚，他才迷迷糊糊睁开了眼睛。我立刻俯身在他耳边说：“手术很成功，不要担心。”杰克许是太虚弱了，他没有点头，只是朝我眨了眨眼睛。因为麻药的关系，杰克一直睡睡醒醒，我把家人们还有放学赶来的梅都劝了回去，关照她们一定要好好休息，最后只剩下我坐在病床旁的躺椅上，安静地守着杰克，趁他睡着的时候，我就赶紧用手机给金华的春妹、我的好姐妹发邮件，请她帮我找中国的医生问清楚杰克病历报告上的一些单词是什么意思。

那一晚，我一直强撑到午夜，怕杰克有什么需要，我几乎滴水未沾，连厕所也不敢去，最后靠在躺椅上迷迷糊糊地小睡了一会儿，到凌晨又醒了。其实我很害怕，医院的凌晨好像特别清冷寂静，空气里充斥着一股双氧水的味道，让人莫名地感到消极和悲观，我只好一直盯着杰克看，渴望从他那里得到如往常一样的安全感。眼前的他明明还是那个高大壮硕的杰克，可看上去却是那么脆弱，我忽然意识到自己正在被孤单一口口吞噬着，就像缠绕在漩涡里，无法自拔，无法逃生。这是我22年来，第一次感到，我只是一个人，我失去了欢乐，失去了勇气，只留下这强烈的孤单，我真的很害怕……

黑夜总算过去，第二天，杰克清醒了许多，看到他睁开眼睛，能同我说话，我的心一下子温热了，好像有一道阳光穿透进来，渐渐驱走了昨夜的寒冷和孤单。我喂杰克喝水，问他感觉如何，他看着我，眼神有点儿涣散，然后竟毫无预兆地问道："小波，我的癌症是不是转移了？"我听了不禁打了个寒颤，我不知道杰克为什么会这样问，是他感觉不好吗？哪里很不舒服吗？我又紧张慌乱起来，但还是努力保持着镇定，我不想让杰克有什么心理负担。

"你是哪里不舒服吗？怎么会这样问呢？要是哪里不舒服一定要告诉我，不许忍着知道吗？"

"你还没有告诉我是不是转移了？"

杰克显然是不愿接受我转移话题的方式，我一下子真不知道该如何回答他，也许我该撒谎，告诉他手术非常顺利，一切都很好，但我做不到，这么多年了，我从来没有对杰克说过一句假话，而且我知道就算此刻我违背自己的意愿说了这个善意的谎言，杰克也一定能当场看出破绽。我停顿了几秒，最后选择了避重就轻。

"现在还不确定呢，但医生说问题不大的，你别乱想，好好养病。"

杰克没有再继续追问什么，但我看得出，他的眼神里透露着灰心和失望,他的自信心开始衰退了，这真是一个不好的预兆……

到了第二天，医生说为了防止肠粘连要让杰克尝试着下地走走，我就和护士一起把他扶起来，架着他在病房外走了一圈。这一小圈杰克走得非常勉强，他整个儿身体一点力气都没有，所有的重量都吃在我和护士的肩膀上，压得我们直不起背来。好几次，我能感觉到杰克试图自己发力减轻我和护士的负担，但总是挣扎一下又瘫软了，更加疲惫地倒头在我肩上。我很担心这样的状况，去问医生，他又说不出个所以然来，我只好安慰自己，一个人的身体被动了刀子，而且头三天不允许进食，只能靠输液维持着营养，别说是杰克有病，就算是个健康人也会腿脚发软，东倒西歪的，不管怎样，杰克还是坚持着走动了一下，他能下地，就是好事。

可没想到，才刚吃力地伺候杰克躺到床上，他就痛苦地说自己腿好痛，看他佝偻起来，紧缩眉头的样子，我的心一紧，慌忙卷起他的裤管，这才发现他右脚整个儿关节都肿起来了，杰克有痛风病，但平时我很注意他的饮食休息，一直以来也就没怎么发作过，这下倒好，偏挑在这时候来凑热闹，不是要让杰克更受罪吗？我心里难受得很，赶紧催护士去找医生，但她竟回答我说快过圣诞节了，所以医院里暂时找不到治疗痛风的专业医生，我听了这话，怒气一下冲到了脑门，什么叫找不到医生？这是哪门子的医院，难道就让病人痛着病着自生自灭吗？！我不自觉地提高了嗓门，铿锵有力地告诉那护士：“不管你们用什么办法，一定要给我找个医生过来，你没看到他痛得不行了吗？”护士看我那么坚持，只好撇了下嘴出去找医生，我等了半天，最后才来了一个实习医生，他问了杰克几句之后就给他开了点药，并用枕头把他的脚垫高。

这些应急措施根本没什么大作用，我知道杰克还是很痛，我紧紧握着他的手，一步也不敢离开，他叮嘱我要吃饭喝水，我就骗他说趁他睡着的时候我已经吃过了。杰克努力撑开一个笑容，“小波，有你在，我就什么也不怕了。”我撸了撸他的额头，告诉他：“我们一定会挺过去的，我会一直陪着你，就像以前一样，不管好坏，我们都永远在一起。”

第四天，护士照常来替杰克量体温，她告诉我，杰克术后四天都没有发烧，这是个好现象。这真是几天来我听到的最宽慰的话，我拉着护士的手，感谢了半天，觉得自己的身体也顿时轻松了不少，我转身夸杰克：“你真的很棒！护士小姐说你一点烧都没有。”杰克听了也笑着竖起大拇指。护士还说杰克可以开始吃点流质了，她拿来一点酸奶和苹果汁，我把杰克扶起来，一小勺一小勺地喂他，但他总是摇头说不想吃，带哄带骗地才喂下去一些，最后还都吐了出来。我本来还有点儿担心，但后来医生来查房，他告诉我杰克恢复得不错，没有发烧，也没有其他什么症状，顺利的话周六就可以出院了。我听了真的非常非常开心，悬了半天的那颗心终于能落地了，我不停用手抚着自己的胸前，感觉是吐出了郁结已久的一口气，本来疲惫沉重、脏乱不堪的身子一下子全舒坦、清爽了。

我赶紧把这个好消息通知家人们，她们听了也都在电话里头欢呼起来，吵着要立刻来医院庆祝，我笑着说：“杰克现在可是小婴儿，得小心翼翼地呵护，被你们一笑一闹，肯定要吓坏了。”报完平安后我赶紧拿出开刀前准备的礼物，送给医生和护士们，我握着医生的手，眼泪就在眼眶里翻腾打转，我激动得不知说什么好，只能把“感谢”二字重复又重复。

我开始整理些小东西，准备周末就出院。我不停地夸杰克“真棒”，告诉他“我们成功了，明天就能回家了”，他听了也很高兴，虽然还是没什么精神，但他的神情里终于有点儿恢复以往的乐观了。下午，有个护士来给杰克擦身，翻身时发现他的屁股上有块黑色的东西，看起来好像有些腐烂了似的，我很警惕地问护士“这是什么，要不要紧”，护士看了一下，告诉我“没关系，应该是褥疮，给他涂点药粉就好了”，我想护士对这些是很有经验的，也就没太放在心上。

星期六，梅和杰克的几个好朋友都在，我看没什么情况，就想着赶紧回家洗个澡，然后就回来办出院的事儿。从杰克做手术那天起，我就没回过家，也没好好洗漱过，都是在医院的厕所里凑合着刷牙洗脸，到了饭点，靠着亲友们来探望时随手带的食物填饱肚子，几天熬下来，整个人已经不成样子，好在杰克挺过来了，我不眠不休的陪伴照顾全都值了。我于是关照梅，让她好好陪着爸爸，最好一步也别离开。

“我就回去洗个澡换身衣服，很快回来。”

“小波，你回家休息一下，好好睡一觉再来吧，我已经好了，没事的。”

“我怎么可能把你放在这里自己回家睡大觉呢？你就别瞎操心了，好好给我养病。”

“其实我也就是嘴上说说，你在这里我觉得很安全，你去吧，我等你回来。”

杰克朝我眨了下眼睛，像以前一样，这感觉真好！我还看到了他的笑容，那能融化人心的笑，带着最适宜暖人的温度。

“恩，你不是还邀请了朋友们圣诞节来我们家开派对吗，所以得赶快好起来才行啊。”

“遵命！放心吧，医生都说我马上能出院了，时间刚刚好，我还能赶上梅学校的大合唱表演，我们的宝贝女儿可是钢琴伴奏，这个演出我绝对不能错过的。”

朋友都笑着说那个活宝杰克又回来了，看到他缓缓恢复精神，能说能笑的，我当然比谁都高兴，但他一天没痊愈我的心里就还不是最踏实。

恐怖的“倒计时”

回到家，家里依旧干净整洁，却还是有种空落落的感觉，没有人气，也就没了温馨，不敢多想，也没精力打理些什么，我直冲浴室，一刻也不愿耽误。洗完澡，我打开冰箱和储物柜，准备找些吃的给杰克和梅带去，东西还没装好呢，就接到梅的电话。

“妈妈，爸爸突然发高烧了，他全身都在抖……你快点来呀！”梅的声音听上去又着急又害怕，还带着哭腔，我一下子慌了神，

手脚发软发麻，倚着料理台才没瘫倒在地。这是怎么回事？我才离开了一会会儿，怎么就变成这样了呢？前面不还好好的吗？！我愣了几秒之后才回过神来，赶紧疯了似的找车钥匙。

去医院的路上，我不停地安慰自己，可能是梅大惊小怪了，术后发点烧应该也是正常的，我回来的时候杰克还在跟大家开玩笑呢，不可能一下子就出什么问题的。我急促地呼吸着，声音又粗又沉，眼前的路况也看不太清楚，只晓得一路踩油门，飞车赶到了医院。

当我跌跌撞撞奔进病房时，所有的自我安慰瞬间瓦解了，变得支离破碎。我眼前的杰克全身发抖，就像惊悚片里触了电的人一样，连嘴唇都在打颤，这么多天以来，我拼尽全力支撑着的勇气、坚强、乐观在这一刻全灰飞烟灭了，我害怕极了，不停地自言自语，“怎么办，这下怎么办……”梅上前扶着我，告诉我值班医生已经给杰克打了退烧针，在护士的提醒下，我才反应过来应该赶紧通知医生。

最后医生倒是赶来了，我拽着他急切地问杰克是怎么了，怎么会这样，他的神情很严肃，想了想之后告诉我：“大概是肠子没有缝好，有漏洞……”

“肠子上有漏洞？！那现在怎么办呢?”

其实我根本听不懂这医生在说什么，什么叫肠子上有个洞？但那时我已经顾不上这些错与对的问题了，我只想他告诉我接下去该怎么办。

“要不然再开一刀，打开来看看？”

我听了这话真是觉得非常吃惊，就像受了当头一棒，闷得说不出话来。可这时杰克已经迷迷糊糊了，闭眼直喊着“痛……好痛……”，他的膝关节像发面包似的越肿越大，身体忽冷忽热，发抖的状态也没有停止，我心急如焚，只好拼命求医生赶紧想想办法，谁晓得医生告诉我他也从没遇到过这样的情况。病急乱投医，我只好哭着给中国的两个医生朋友打电话，希望他们能帮帮杰克，然而远水救不了近火，医生们看不到病历，不了解具体情况，我又慌了神，说得语无伦次，他们只能跟着干着急，提不出什么好法子来。

拖到第二天，医院让我们赶紧收拾东西，从普通病房换到重症病房。后来的两天里，杰克一直高烧不退，迷迷糊糊地昏睡着，医生也没什么措施，就只是给他敷冰毛巾，盖冰毯子，可杰克不停地在发抖，我心疼得快死了，医生却坚持必须用这样的方式降体温，这时候我真恨自己不懂医学知识，一点办法也没有，只能咬牙全力配合他们，一心只希望医生能治好我的杰克。

情况依然没有好转，杰克的家人也全都守在医院，大家都像热锅上的蚂蚁煎熬着。医生再次提出要给杰克开第二刀，可我看着他虚弱痛苦的样子，真是舍不得，要是我能替他挨这一刀就好了！

“能不能等一等？杰克才刚动好手术，再开一刀我真的怕他受不了。”我哭着同医生商量。

“再等下去他只会更虚弱，到时我就开不了了，今天我的助手也都在，是开刀最好的时机。”

我还是很犹豫，这一刀关乎杰克的生命，我不能听了医生的话就贸然决定，我告诉自己这种时候必须冷静。

医生没家属同意也就放弃了手术，又拖了一天。这一天里，我打电话给所有我认识的医生朋友问他们意见，我希望抓住这最后一根稻草，祈祷着能出现一位天使帮帮我，告诉我该怎么做，但医生们没看到具体情况，都吞吐吐地不敢断定什么，只说刚动完手术又要再补一刀这种情况是罕见的。直到最后我也没收获到什么有用的信息，而医生却又来催促我们动手术。

我一个人站在最前头，面对着急切需要答复的医生，后面是一堆罗伯斯特家族的人，全体都在哭，都在等我的决定。可天晓得我要决定的是什么？是杰克的命啊！我受不了这压力，也开始发抖，断断续续地问医生能不能先做个透视，看看肠子上到底有没有漏洞，可医生却冷酷地告诉我恐怕等不到透视结果出来就因为过度虚弱没法再开第二刀了。我一个踉跄，身后的哭声更凄厉起来。

“小波，求求你就听医生的吧！”杰克的家人哽咽着说。

所有人都在等待着我的决定，可我的直觉却在告诉我，这一刀下去对杰克来说或许是更大的灾难，可医生说要开，杰克的家人们也说要开，我的直觉在这节骨眼上成了最不应该的犹豫，我被置于了进退两难的境地，真的是走投无路，最后只能默许了医生的意思。

转到重症病房后，杰克醒来过几次，我问他感觉怎么样，他都说“好一点了”。我告诉他：“医生可能还会给你做一次手术。”他听了皱起眉头来，问我“为什么”，我只好抚平他的眉头，说：“这是医生的意思，你要听话，别得罪医生，他是来帮助你的。”杰克没再做声，我看得出他很不开心，但因为相信我，所以他默许了，连琪琪也说杰克只听我一个人的话，所以才同意手术。可这“听话”一点也没让我有什么得意高兴的，我自己心里都没底，只求上帝保佑千万别出什么问题，不然我就成罪人了……

我们虽都不情愿，但为了救杰克，还是做好了心理准备，可医生却没再联系我们，谁也不知道这算什么情况，更不知道接下去该怎么办，我只好主动打电话给他，接电话的是他的助手。

“杰克说他感觉好一点了……”

“不见得吧，他的一个肾脏其实已经失去功能了。”

“那怎么办？！刀还要开吗？”

我听了这助手的话更加着急上火，他也给不出什么明确的答复，只能等医生自己来同我说。可等医生来了，我问他：“如果开刀开出来肠子没问题，到时候怎么办？”他却告知我说：“那就只能继续探索性地开，直到把问题找出来。”

“探索性地开？！”

我真是无语了，搞了半天，医生还是把问题说得云里雾里，然后把决定杰克生死的重任完全扔给我这个不懂医学的人。杰克是我的爱人，我的英雄，我的命啊！开刀不能确保他没事，不开刀干耗着，他也不可能好起来，这让我怎么决定?

我一晚上没法合眼，守着昏昏沉沉的杰克，他稍微一动弹就会痛得嗷嗷叫，我却一点办法也没有，只能坐立不安地干着急。

“你这个人怎么那么极端，要么让我快乐得好像上了天堂，要么就叫我心碎成这样，真像是下了地狱……”

我知道杰克已经听不清我说的话了，但我依然忍不住冲他抱怨，看着他那么痛苦的样子，我知道自己没得选择了，这一刀是好是坏都只能让杰克去挨了。

第二天开刀前，杰克突然说要上厕所，我按铃叫护士，等了半天也没人来，只好自己扶着杰克去，他一米八几的身高，180磅的体重全部压在了我瘦弱的身体上，我咬牙支撑着，一只手拽着杰克的手臂，另一只手死死托着他的腰，举步维艰地往厕所挪，但没等坐到马桶上，杰克就控制不住拉了一地，他一个劲儿地跟我道歉，我心里很清楚，这个状况最难过的其实是他自己，所以我故意同他说：“这有什么好对不起的，每个人都会生病，以后我也会，到时候你也要照顾我的。”我把杰克放到马桶上，找来擦洗的工具帮他弄干净，心里就想着让我这么伺候杰克下半辈子我也开心，我愿意，只要他活着，怎么都行。

杰克被再次送进手术室，这一次，我只同他交换了一个多年来默契的眼神，我告诉他我会一直在这里陪他、等他，然后便咬牙狠心地走开了。我故意不跟杰克说话，我要等他手术成功后出来再跟他讲，我有好多好多话在心里，我们约好的，要说一辈子的甜言蜜语，然而，谁能想到，这个任性倔强的决定却实实在在地让我后悔了一辈子……

我和杰克的家人都在手术室外等待，就像第一次开刀一样，可心态却是比那一次还要糟糕千万倍。大约一个半小时后，我开始心慌意乱，再也坐不住了，我把双手抱在胸前，努力让自己别哆嗦得太厉害，我从这头走到那头，再从那头走到这头，就这样走了不知多少个来回，手术室那扇阴森的大门依旧紧闭着，一直到三个半小时后，医生才出来。我们一拥而上，问他杰克的情况，他也不说，只让我们都到另一个小会议室去，当场我就有了种不祥的预感。

我和琪琪相互搀扶着，同其他家人们一起进了会议室，医生又拿了张纸，用笔在上面边画边解释。

“我打开了杰克的肠子，但肠子缝得很好，没有问题，我就继续探索性地开了一刀，然后发现了憩室炎，我帮他拿掉了，接着给他装了一个假肛门……最后……”

医生还在画着说着，但我已经脑门充血，听力障碍，紧接着眼前一片眩晕了……我的宝贝，我的杰克这下是完蛋了……琪琪问那医生我们是否能和杰克说说话，不料却得到了一个更为恐怖的答案，他说：“刀口都很大，暂时没法缝合，为了减少病人的痛苦，就用药让他昏迷了，先维持着生命体征，等过几天再看吧。”

刀口都大得没法缝合了？！他们究竟是把我的杰克切成了什么样？我脚一软，瘫倒在琪琪怀里，我好像听到家人们都在叫我“要坚强，要撑住”，可我真的撑不住了，杰克倒了，我的天也就跟着塌了，我的世界也支离破碎了……护士终于把杰克推了出来，我扑上前去，可杰克整个儿就像活死人一般，僵硬、冰冷，毫无知觉，事实上，他也再没醒来过，再也没有同我说过一句话……

医院又把杰克从重症病房挪到了抢救室里，这让我感觉糟透了，因为每换次房间杰克的状况就更差，我真是不敢想，就怕这一次是离那个我无法提起的字又近了一步……

杰克的亲朋好友听闻消息都从各个地方赶来看他，每天，抢救室外都是人头攒动，大家殷切地询问杰克的病情，虔诚地为他祈祷。医院规定家属一天可以探望杰克四次，但每次只有半个小时，我们就轮流着进去，替他加油鼓劲，不管他是否听得见。杰克的三个姐妹手拉着手，在他跟前说：“杰克，我们最亲爱的兄弟，你是我们见过最善良最快乐的人，上帝一定会庇佑你，你一定可以撑过来的！”他年轻时的队友也都赶来看他了，大家攥着拳头冲杰克喊着：“嘿，杰克，你年轻时可是球队里最厉害的一个，怎么能先倒下呢，赶快醒过来吧！我们都在等你！”每个人都一边呼唤一边默默拭泪，杰克像冷冻人似的躺在那里，紧闭双眼，身上插满了各种管子，想到他入院前都还是生龙活虎的样子，真是无法接受命运对他如此残忍的安排。我的老板罗伯特还特意叫我去请不同教堂的牧师每隔几小时就来一次，带领大家在抢救室外手拉着手围成一圈，唤着杰克的名字为他祈祷、唱歌。

我其实已经和杰克一样，丢了大半条命，虚弱得不堪一击，大家都劝我回去休息一下，但我怎么可能舍得离开杰克哪怕半步。我总是在他耳边求他，“杰克，求你醒来，我需要你，我真的需要你，求求你，你不能离开我，我不许你离开，你不是最听我的话吗？快点醒过来好不好啊？”我的眼泪肆意地坠落在白色床单上，晕出一大片湿痕，我跪在地上向耶稣祈祷，求他保佑我的杰克挺过这一关，可一天天过去，杰克还是毫无反应，没有起色。我坚持守着他，从早到晚，几乎是不吃不喝，实在困了就裹着身上的黑大衣在公共休息室的长椅上打个盹，梅也一样，每晚都蜷缩着睡在长椅上，到了凌晨，还要每三小时响一次闹钟，提醒我们起来看看杰克的情况。

梅真是和杰克一样，又乖又贴心，她知道妈妈的精神已经摇摇欲坠得快支撑不住了，便掩藏起自己的悲伤，扮演着超过自己年龄的坚强角色。我们每天都要向医生汇报杰克的情况，但我真的没法面对自己的爱人、宝贝被东一刀西一刀折磨得不成人样的躯体，那可是我小心翼翼保护了22年的身体啊，每一寸都满含着我的爱、我的心血，让我去亲眼看到它的破败，就是直接要了我的命。梅很理解，所以挺身而出，她抢着看医生、护士的记录，一到指定的时间就穿上医院规定的无菌服到抢救室去看爸爸，她掀开被子，认真地观察，透过玻璃窗，我能清晰看到梅颤抖的手和肩膀还有她起伏的背，她从不大哭大喊，却总是一个人默默流泪。出来之后，梅不敢把情况告诉我，只有偶尔几次，她抱着我很高兴地说：“爸爸今天好一点儿了！”听到这句话，我就像被注射了强心针，会忽然之间找回坚强和力量，我大口吃着亲友送来的披萨、芹菜胡萝卜鸡汤，虽然依旧食不知味，但我会告诉自己，我必须好好的，这样才能照顾杰克。但更多的时候，梅只向医生还有护士汇报，有几次我强撑着去听了一些，梅说杰克的手指、脚趾，全身差不多60%的皮肤都发黑溃烂了，伤口也全部受了感染，根本不可能再缝合。到了这个时候，我又忽然就崩溃了，心痛到失去了知觉，流泪也成了很机械的动作，我甚至不知道自己是在干嘛，这一切究竟是怎么发生的？我怀疑自己是陷在一个噩梦里逃不回现实中去，我被极端的情绪左右着，直到梅哭着叫我坚强起来，告诉我她和杰克都需要我时，我才恢复了一些意识，我抱着梅，狠狠地责怪自己，我不是一个勇敢的好妈妈，要让女儿去承受这一切，但是真的没办法，自从杰克成了活死人，我就像是被打断了脊梁骨，直不起身子来，每天都像行尸走肉一般，接受着更糟的现实。

圣诞节前夕，到处都洋溢着欢乐的节日气氛，医院里的医生、护士大多开始放假，绝大多数的病人也都回家过节去了，公共休息室里一下子变得空空荡荡，只剩下我们母女俩还坚守在坚硬冰冷的长椅上。想想以往每年的圣诞，我们一家是多么快乐，杰克总会穿起他的圣诞老人装，背着大布袋，给家人、邻居还有养老院的老人们送去温暖的小惊喜，我们还会领着梅到老姐妹家里欣赏各式各样的圣诞老人，给她们唱歌、送祝福，凯瑟琳和麦德伦总是笑得合不拢嘴，往小梅手里塞着事先准备好的礼物……我从来没想过，这样的日子还会有过到头的时候，至少它绝不该是像现在这样，残酷地戛然而止……然而病魔是不会大发善心的，负责杰克住院的医生在别人最欢快的日子里却给我们带来了一个最糟糕的消息，他说杰克全身的皮肤都腐烂了，人可能不行了，必须给他打强心针，然后他迟疑了一下，又继续说："病人在第二次手术前可能就得了败血症，这是术后感染造成的，所以现在的情况非常危险。"

"术后感染？那怎么会术后就感染了呢？"我很惊讶，如果这医生说的是真的，那为什么到现在才告知我们，当时已经感染了为什么还要提出第二次手术呢？各种疑问塞满了我的脑袋，忽然，我又想到手术前护士替杰克擦身时我在他屁股上发现的黑块，当时我就疑心过，但护士告诉我那是褥疮，不要紧的，现在看来，或许没有那么简单。于是我赶紧找到一个感染科的医生，问他杰克身上的黑块是不是和败血症有关系。

“是有可能和败血症有关，但现在也没法确认了。”

他丢下这句模棱两可的回答就匆匆离开了，留下我站在原地，无计可施。

当天晚上，大约十几个杰克的亲戚挚友赶来了医院，大家都坐在公共休息室的长椅上，陪我和梅一起守着杰克。熬到半夜里，他们有的斜靠在长椅上打起了盹，有的则干脆睡在了地上，剩下我又是一夜未眠，还有琪琪，一直坐在角落里呼唤着“上帝”。

“杰克，你看到了吗？那么多人都在守着你，为你祈祷，你怎么忍心丢下我们？你一直都是为别人带去欢笑，现在怎么能让大家为你伤心、流泪、受苦呢？杰克，你快点醒过来好不好？和我说说话好不好？你已经好多好多天没有同我说过话了，你怎么忍得住呢？我可怜的宝贝……”

我一个人颤抖着走到抢救室门口，双手重重地摁在玻璃窗上，我看着躺在里头的杰克，不停地自言自语。我知道他就是那个同我手拉手，走过了22年风风雨雨的人，可不知道为什么，现在的他看上去是那么陌生，他不跟我说话，不对我笑，他不肯起来抱抱我，冲我撒娇，他就一个人躺在那儿，再也不愿意拉着我的手，数着“一、二、三”，然后一起入眠，他不需要我了，也狠心地不再让我依赖他……这个人真的是杰克吗？

“杰克，我知道你醒来以后一定会安慰我，到时我就会痊愈，会安然无恙，所以我必须撑住，一直等到你好起来！”我咬牙暗下决心，拼命鼓励着自己。

又拖了几天，医生但凡出现就是问我同不同意切除杰克已经坏死的手指，然后是脚趾，我说只要能救他，我统统同意。我拽着医生的白褂子，拜托他救救杰克。我同琪琪说：“只要能救活杰克，我愿意把家里所有值钱的东西都送给医生，还有新买的凯迪拉克，也给他！”

然而一切都好像于事无补，医院里越发地冷清，医生们都去度假了，根本找不到人来帮杰克会诊，后来连亲戚朋友们也看不下去，都气愤地说“现在的这家医院实在太糟糕”，建议我应该马上给杰克转院。大家照旧在等我的决定，这一次，我不再犹豫，尽管转院对于身上插满了管子的杰克来说也许是件很危险的事，但我跟亲朋好友们一样，实在受不了这个晦气的地方，于是开始着手转院的事，一心盼着换家好的医院能带给我们一个奇迹。

分割“连体人”

12月31日，大雪纷飞，整个儿世界都好像被厚重苍凉的白色牢牢包裹住了，树枝硬生生地被压弯了腰，最后不堪重负只能重重将雪块摔落在地上，扬起一团白雾。

我们被告知已经联系好了两家医院，一家在匹兹堡（Pittsburgh），一家在克利夫兰(Cleveland)，我于是催促院方赶紧打电话寻找驾驶直升飞机的飞行员，可接连问了三个，对方都说雪太大，拒绝飞行。没有办法，我们只能退而求其次，选择了救护车，然而因为路况太差，车子也是到了傍晚五点才姗姗开来。把杰克安顿到救护车上后，我同梅、杰克的姐姐乔安娜、琪琪还有两个侄子驾车跟在后头。大约三小时后，救护车抵达了位于匹兹堡的医院，但我们却因为往导航仪里输错了一个字，在漫天雪地里迷了路，直到四个多小时后才找到目的地。

那里的医护人员安排我们入住了附近的免费家属院，那里布置得很温馨，又恰逢新年夜，所以医院提供了很多特色食品，还有24小时的自助餐可以吃，我们几个经历了舟车劳顿，其实都很饿，但却没人有心情去享用食物。我打发琪琪他们赶紧去休息，自己坚持留下来要同主治医生见面、沟通。值班医生看了一下杰克，说：“现在情况还算稳定，但具体的要等多项检查后才能确定，主治医生今天不在，他明天会和你们谈治疗方案。”说完便劝我也早点回去。

午夜，我们在肆意呼啸的大风里迎来了新的一年。那风真是刮得强劲猛烈，好像红了眼的牛一般凶蛮地撞击着玻璃，不时发出“哐、哐、哐”的响声，震得我心跳加快，感觉快窒息了。我和梅睡在一张沙发床上，却始终背对着背，整个屋子里也没有一个人说话，气氛沉默得让人毛骨悚然。我紧紧地闭着眼睛，两只手拽着被角，我感觉自己正被一张阴森的黑网牢牢罩着无力挣扎，我害怕极了，背脊都阵阵发凉。真是想不通，怎么还会有这样恐怖凄凉的新年第一天……

挨到凌晨五点，每个人都顶着一脸愁容爬起来，告知着昨晚那个不眠夜。忽然，我的手机响了起来，大家都被吓了一跳，我第一次觉得那铃声好像催命符似的可怕，这让我预感自己将听到的不会是新年祝福，也不会是好消息，我在亲人们担忧的眼神里颤着手接起了电话并按下了扩音键，果然，这是一个从医院打来的报丧电话。

“罗伯斯特太太，罗伯斯特先生刚刚过世了，请节哀。”

我的人生完了，一切都完了。我瘫坐在地上，麻木地重复了刚才听到的那句话，几秒钟的静默之后，整个屋子的人开始哭泣，琪琪高举双手，大叫：“上帝，杰克去见你了，请你接受他吧！”

之后的事，我无法详尽描述，因为那时我已经灵魂出窍，就像一具行尸走肉被梅、琪琪和乔安娜拖着架着去了医院，见了杰克最后一面。我只记得我还是穿了那件黑色大衣，自从杰克住院后我就一直穿着它，我们四个人跌跌撞撞走到了医院，他们让我第一个进去，我拖着沉重的双腿，走到杰克的病床前，他一个人孤孤单单地躺在那儿，身上盖了一条白被单。我只看了一眼，就把头别转过去，我不想记住他这个样子，躺在那里的人怎么可能会是我的杰克呢？我不接受！接着，亲人们都上前扑倒在杰克身上嗷嗷哭泣起来，可我却不敢，我跪在他床前，反反复复地说："我才不跟你说再见，什么叫再见，什么叫永别，我听不懂，我就等你回来，你给我回来！"然后，我又被架到了洗手间里，琪琪一直在帮我擦眼泪，可她擦的速度赶不上我溢出的，我呆滞地看着镜中的自己，心里在怪杰克，"杰克，这辈子我就要这样为你哭死了，你把我所有的快乐都带走了。"

一切都结束了，新的医院没有给我们带来什么奇迹，倒是让死神直接把杰克给带走了。我们回到青年镇，回到家里，我一头钻进了楼上的卧室，蜷缩在床上，任凭身心颤抖。我不吃不喝，不愿意见任何人。直到琪琪生气地把我从床上拽起来，她冲我喊着："小波，你不可以这样！你知道楼下有多少人，多少事在等你的决定吗？我知道你很痛苦，但杰克人生的最后一段路你得让他走好才行啊！"

"杰克人生的最后一段路"，真是该死！我和杰克是"连体人"啊，死神连皮带肉地活生生分割了我们，他带走了杰克，却留下半死不活血淋淋的我，现在还要我站起来去操办杰克的后事，简直是见鬼了！

"杰克，你睁眼看看！你怎么忍心这样对我？"

真是有种被逼上梁山的感觉，家人们问我想怎么操办，我就说什么都用最高级的，既然要我送杰克最后一程，那我就要让他风风光光的。

我浑身哆嗦着给远在中国的家人、我的姐姐小琳打电话，我告诉她杰克死了，我家里无论如何要来一个人！杰克突然离世的消息让小琳也难以置信，她在电话那头大叫："杰克死掉了？！杰克怎么会死掉的？！"她的声音尖锐又慌张，反反复复刺激着我的耳膜和心脏，我直觉得那沉甸甸的死亡气息又无尽缠绕在周围，只好强撑着对电话哭叫道："你不要问了，赶快来救救我吧，我这次真的不行了，你一定要来！"

第二天，家人们陪着我给杰克挑衣服和棺材，我选了他最爱穿的，棺材也挑了最典雅奢华的一款，女儿梅开始撰写杰克的一生，用来登报告知他的死讯。整个过程，每一个动作我都亲自参与了，可却始终感到莫名其妙，我不停地问琪琪"我们为什么要给杰克挑棺材？杰克呢？杰克在哪里？！"琪琪担心我受了过大的刺激，重复着杰克已经走了的现实，我完全听不懂，杰克怎么会死了呢？我已经习惯了依赖他，习惯了身边有他站着，可他死了，从此以后，我的身边只有清冷的空气，没有人同我十指相扣，没有人再搂着我的腰，昂首挺胸地往前走……大家都叫我节哀，可这样的哀要我一个人怎么节，我真的不会。

亲朋好友们听闻杰克的死讯，都从各地赶来慰问，我的好姐姐包娜也连夜从加州奔赴青年镇，每一个人见到我都是一边抹泪一边用力地拥抱我，而我，每被拥抱一次就要哭一场，很快就体力透支，连话也说不动了。两天下来，家里铺天盖地都是大家送来的鲜花，还有各种慰问食品，冰箱里都塞不下了，有好多都不知道是谁的心意，包娜同琪琪一直在帮忙收拾，包娜感叹她从没见过那么多花，她说她爸爸是位德高望重的医生，可去世时也没有那么多人送来鲜花。"可见杰克生前是多么讨人喜欢，我真为我的弟弟感到骄傲。"琪琪哽咽着说。但我还是觉得眼前的一切都很奇怪，我们家以前也是这样门庭若市，可那会儿大家都是来参加派对的，整个屋子里充斥着欢声笑语，而现在，就是转眼之间，欢庆成了奔丧，眼泪淹没了所有美好。还有原本最期待的夜晚，我同杰克总是在甜言蜜语中安然入睡，可现在，却成了最可怕难熬的时间。当大家都离开时，痛哭也好，惋惜也好，一切喧闹瞬间归为沉寂，屋子里只剩下我和梅两个人，一种强大的恐惧感开始毫不留情地吞噬我。我的脖子好像被一只无形的大手牢牢地使劲地掐着，我透不过气来，觉得自己快死了，我拼命呼喊杰克，可是再也没有听到过他的声音，再也没有……我只好爬起来给杰克写信，写的时候才感受到一点儿久违的平静，因为我是在和杰克说话，我们总有说不完的话。

可笑的是，1月7日，我在莫大的悲痛中迎来了自己的生日，梅、杰克的家人还有包娜特意为我举办了庆生会，每个人都为我精心准备了礼物，还有美食和蛋糕，可我却怎么也开心不起来。我真的很感激他们，也知道为了顾虑大家的感受，我应该表现得快乐一点，多一点笑容，但我做不到，连伪装那么一下子的力气我都使不出来。

我就是个被杰克宠坏的孩子吧，在这个日子，我等待的是罗伯斯特家的传统，一张漂亮的卡片，上面写满了杰克的甜言蜜语，或许还有一枝热辣的红玫瑰，在我的床头散发着爱情的味道。杰克说过，他决不会让我错过任何一个属于我的节日，可从今往后，他都要食言了。

想想就觉得心好痛，只得跟大家抱歉，疲惫地一头钻进卧室，却惊讶地看到床头柜上正安静地躺着一只信封，一股暖流瞬间袭过心上，我感到自己的手脚都发麻了。微颤着打开信封，才看了没几行便已是泪如雨下，那是梅写给我的信，一封我收到过的最感人的信。

（卡片封面内容：光阴似箭，并未留下过多的时间去诉说那真正重要的事，例如，你是一位多么好的母亲，又如，你那无尽的关怀以及你对我的生命而言拥有着的重要意义。生日快乐！）

亲爱的妈咪：

倘若说过去的一年里充满了挑战，我想，那实在是轻言了。我们谁也没有料到，那个星期二陪爸爸进入医院后，他将无法与我们一同回家。

你曾请求我施展一些魔法，让所有的事情好转起来，但我情愿彻底、坦白地告诉你，我无计可施。尽管我无法解释为何上帝要带走爸爸，但我可以自信地说，没有其他任何一个人可以复制出爸爸的品格。他总是，总是那样快乐，而且，我还知道他对你的爱是那么深刻。

人们说神爱我们超过一切，可在我的脑海里，没有一种爱能超越爸爸的爱。虽然在他离世后我们将面对十分艰难的时刻，但我仍然觉得安慰，因为我们如此幸运地与他共同度过了那么长的时间，即使我能预知他会这么早地离开，我仍旧不会拿他与别的父亲交换。

所以，是的，他可能在一个我们眼睛看不见的地方，但我肯定无论他在何处，都会一直守护着我们。别装作他从未存在过，或者他不是那么重要，那只是个暂时的方法，你只要记得，别仅仅看到你所失去的，而是要珍惜他曾给予你的。

希望你乐纳礼物。生日快乐，从此刻延续至未来。

爱你的，小梅。

2009年1月7日

1月8日上午八点，殡仪馆的豪华车准时停在家门口，来接我们去灵堂布置，我同梅还有多年好友陈一凡和张浩以及专程从克利夫兰赶来的倪举凌（Eddie）、欧阳玲玲夫妇同乘一辆车。一路上我就在想，22年前我同杰克结婚时没享受到的

殡仪馆派来的豪华车

待遇，如今因为他死了倒是让我一个人享受了，真是太讽刺。

整个灵堂被我们布置得很美，很温馨。我为杰克挑选的纯白色蜡烛被安置在各处，一齐安静地闪耀着莹莹光亮；墙上挂着杰克的老同学们还有梅学校赠送的挂毯，上面绣着不同的圣经内容；茶几上竖着我与杰克的结婚照还有我们的全家福，另外还有一台很大的电视，循环播放着杰克生前拍摄的许多照片。

笑颜依旧历历在目，笑声也依然犹在耳畔，我还是能被杰克的笑瞬间融化，就像婴儿躺在摇篮里那般温暖安全，眼前的一切仿佛只是一场梦，梦醒了，我们一家三口还是如同往昔过着神仙般快乐的日子，杰克欢快地唱着，说着，笑着，笑得脸上开出一朵灿烂的桃花，让我和梅也跟着捧腹，而所有的照片也都摆放在家中它们本就占领的位置，像欣赏者们炫耀着我们的幸福。然而，只有我醒了，噩梦却永久长眠，照片被挪到了灵堂里，从此失去了炫耀的姿态，只是默默地待在那儿，供人凭吊，拭泪，扼腕叹息，永远地，被抹上了浓浓哀伤。

另一个房间里，杰克的灵柩被安放在一角，棺盖是打开的，盖子上绑了一大束鲜花，一面美国国旗平整地铺在棺壁上，杰克安静地躺在棺材里，一条白色的毯子盖到杰克的胸口。毯子下杰克穿着的行头都是我亲自为他挑选的，我知道他一定会喜欢，那是一套海军蓝的西装西裤，里头搭的是好友春妹在他生前找裁缝量身定做的蓝色衬衫，衬衫的袖口和口袋上都用黑色丝线绣着“Jack · Laprest”的字样，再配以宝蓝色领带。我的杰克看上去依旧那么帅气，却少了平日里的阳光搞笑，多了份不自然的寂静与安详。

下午四点，亲朋好友们陆陆续续进入灵堂瞻仰仪容，人数竟超过了一千位，房间内设有的二十多排座位根本容纳不下这么多人，大家就自觉沉默地排起长队，一直持续了四个多小时。很多人送来了大束的鲜花，摆满了灵堂的所有空间。灵柩前摆放着一个垫子，供瞻仰者为杰克祈祷，与他做最后的告别，很多人祈祷完毕后仍然不愿离去，留下默默陪伴我们。我和梅以及杰克的家人们静静地站在灵柩旁，就那么一线之间，一层棺壁的距离，杰克躺在里面，我站在外边，明白了什么叫做天上人间，生死离别。我再次感到呼吸困难，大概是这里的空气和我的血液一样，都被凝固了，无法再流动吧……

瞻仰结束后，家人们开始往杰克的棺材里放各自想留给他的东西，有许许多多的鲜花，有写着告别语的小纸条，还有各种纪念品……梅放了她最喜爱的德国牧羊犬纪念钥匙圈，那象征着杰克国家级训狗师的身份，而狗也一直是杰克忠诚的好朋友，相信它会永远守护着杰克。最后，我将自己的一撮头发塞在了杰克手里，我要让他知道我永远爱他，想他，还有第二天教堂告别会上我将发言的稿件，我轻轻放在杰克的胸前，那是我要对他说的话，虽然他再也不会回应我，但我依然有很多很多话要同他说，我会说一辈子，我知道杰克在天堂也还是会笑着，耐心地倾听。

杰克就这样安眠在所有人的爱与思念之中，真是舍不得，舍不得让他一个人孤零零地去到那陌生的地方，真希望他的心、他的灵魂可以永远被我们温暖着，不要像他的身体那样僵硬、冰冷、毫无生气。

这一天晚上，大约十点左右，我的姐姐小琳抵达了机场，好友欧医生替我去接她。外头的天气依旧恶劣，大块乌云强势地将天空压低，低得好像快要塌下来似的，寒风掀起密集的碎雪，扫打着寥寥无几的车辆，然后坠落在地成了冰渣，积了厚厚的一层。这趟车欧医生真是开得快也不行，开得慢也不是，好在最后还是安全地把人接了回来。姐姐小琳刚跨进家门，我就冲上前与她抱头痛哭起来，小琳一边抹泪一边说："我怎么也没想到我是为这个理由来的，以前杰克老喜欢和我开玩笑，说就算背也要把我背来美国，再不行就买条船，划过来，我怎么想得到今天真的来了，却是这么狼狈。"听见她这么一说，我哭得更伤心了，欧医生见我们这样，只得劝慰着将我们扶进屋子里。

到了半夜里，我和小琳一起躺在卧室的大床上，可却翻来覆去怎么也睡不着，小琳说一想到我同杰克以前也睡在这张床上就吓得浑身哆嗦，"这么一个活生生的人怎么忽然就死了呢？"小琳想不通，我比她更难以接受。于是打开灯，我们俩手拉着手，互相安慰打气，可这夜的黑却一点儿也没被暖黄的灯光驱散，反而是将寂静冷清照得更加清楚明白。外头的寒风张牙舞爪地撞击着窗玻璃，屋里的陈设被灯光拉长了影子，惨淡地挂在墙壁上，我感觉整个世界都好像披上了丧服，正在进行默哀。然后，杰克孤零零躺在棺材里的样子开始浮现在我眼前，他的脸那么惨白，浑身都是冷冰冰的，他死了，再也不会说话，不会笑，不会拥抱我，一个每天如影随形、伸手便能触到的人忽然之间就没了，叫我以后怎么办？背着这个可怕的现实一天天挨吗？真是不能再想下去了，我的整个儿身体都开始抽筋发抖，小琳吓得半死，赶紧帮我撸胸口，搓手脚，好不容易才让我恢复镇静，可她自己却也感觉撑不下去了，只好再打开电视，试图让传来的声音驱走内心的恐惧，但仍是一点儿用都没有。我们都绝望了，小琳找来安眠药，我们一人一片，和着水吞了下去，这才渐渐有了些倦意。

"以前，你总说杰克能让太阳都变得更亮，他就是我的太阳，一直照着我的人生，现在好了，我以后的日子里再也不会有太阳了。”

1月9日上午，所有要送别杰克的人又聚集在他去了多年的教堂里，我同牧师说，今天不是杰克的追悼会，而是庆祝杰克充满爱和快乐的一生，我还告诉他我要上台发言，小琳和琪琪听了都表示不同意，她们说到时候我肯定会悲伤地晕过去，那整个追悼会就乱套了，但我坚持那么做，杰克的庆祝会，我怎么可以不讲话呢？

牧师真的非常体恤我，他接受了我的请求，将开场白改成“让我们来庆祝杰克的一生”，并且还让我第一个发言。包娜把虚弱的我搀扶上台，杰克的灵柩就安放在我身旁，当时整个教堂里头坐了一千多个人，但我告诉杰克，所有的话都是说给他一个人听的。

“你好，杰克：

“只想让你知道，你是我的英雄，我为你此生所做的一切感到骄傲，也以你的成就为豪。

“能够与你相识并且走过22年的婚姻生活，我感到无比荣幸。

“我要感谢你在过去的22年里让我成为了世界上最幸福的女人；我要感谢你帮助我实现了梦想，我是何等幸运可以拥有如你一般的知己良友，感谢你一直陪在我身边，让我在异国没有感受到丝毫的歧视。

“过去22年的婚姻生活是我生命中最最美好的时光，我从你那里学到了太多，我们总是知道对方在想什么，彼此间的默契是独一无二的。很幸运，我们从未浪费过22年里的一分一秒，每天，我们都迫不及待地渴望回家相见，总是有那么多事情可以一起谈笑，只要在一起，我们从不介意身处何地，在做什么，事实上，任何事情我们都愿意一同去做。

“我还想告诉你，你应该为你美好家庭中的每一位成员感到骄傲，在如此心碎的时刻，我接收着来自你的孩子、你的姐妹、你的连襟兄弟、你的侄甥、你的同学、你在各地的朋友、你的邻居以及你教友们的关怀和付出，对此，我深受感动。他们日以继夜地陪伴着我，让我无法想象要是缺少了他们的支持我会怎样。

“我知道，在今天，你一定想让我向他们每一个人致谢。

“你一直盼望我的姐姐小琳能来美国探望我们，你想展示我们的生活给她看，今天小琳终于在了，还有从纽约赶来的余建麟先生（Jerry Yu）、你训狗俱乐部的同事们，以及包娜，这位22年前将我带到美国的最特别的朋友，她也特意从加州赶来看你。你的妹夫瑞夫（Ralph）、你的好友佩特（Pat）、郑百洲医生夫妇都在这儿，还有安迪（Andi）叔叔的孙子凯利（Kelly），他是你最喜爱的世界轻量级冠军拳击手。

“我想告诉你，你留给我的美好记忆会永远陪伴着我。大家都说我们拥有童话般的爱情故事，它会带来巨大的力量，消除文化差异以及所有的障碍。我知道你希望我坚强、快乐，我会珍惜这些回忆不叫你失望。

“今天，我要为你欢庆，因你拥有最棒的一生，你没有遗憾，你配得上所有最美好的事物 。但我不要同你说再见，因为你没有去任何地方，我会一直抓紧你的手，绝不放开。你已经溶在我的血液里，扎在我的心头上，永永远远不会改变。

“愿平静与我们同在。

“爱你的，小波。”

紧接着在我后面发言的是我和杰克的挚友，滨州著名妇产科专家、中华协会会长郑医生以及佩特，还有我们的妹夫瑞夫，他们几个真是可爱，说的全是同杰克之间十分搞笑快乐的回忆——

“亲爱的女士们、先生们：

“我叫郑百洲，是杰克的挚友之一。今天，我想要同你们分享我拥有的一些美好回忆。

“我是1995年通过小波和杰克相识的，当时我们便一拍即合，很快就成了非常亲密的好朋友。我们一同外出赴宴，一同参加派对，每逢假日我都期待着和杰克在电话上的问候，这个习惯已经成了我生活的一部分。

“‘嘿，杰克，嘿，派克，新年好啊！’‘嘿，杰克，嘿，派克，复活节快乐！’‘嘿，杰克，嘿，派克，圣诞快乐！’……每一年都是如此，以至于今年的新年我依然期盼着能听到他欢快的问候。

“在他住院期间，我不断地为他祈祷，希望他能够康复，但神对他的爱俨然超越我太多，最终，杰克离开了我们，去了天堂与上帝同在，他是一位多么虔诚的基督徒啊。

“杰克充满爱和善的心在俄州青年镇的华人社区里显得非常伟大，以至于几乎所有的中国新移民都会首先去杰克和小波的家‘报到’，杰克就像一位兄长那样帮助和照顾他们，只要是力所能及的事情，杰克绝不会推辞。

“杰克总是积极地参与青年镇地区华人联合会，我记得2006年和2007年农历新年的时候，我们在宾州的纽卡斯尔（New Castle）举办庆典，他会数次驾车前来帮忙、筹备。他在梯子上爬上爬下地布置装饰，甚至主动参演节目，同其他七位男士一起献演了舞蹈‘妻子从来不会错’，作为其中唯一一个外国丈夫，杰克引得观众们大笑不止，欢呼连连。

“杰克还是一位出众的厨师，我真怀念他的意大利面和肉丸酱汁，那是我品尝过的最美味的调料。

“我们和杰克共同度过了很长一段欢乐时光，现在，他走了，我们将会永远缅怀他。

“追溯到1999年，杰克和小波，芝华和我与来自纽卡斯尔的Wish 夫妇、Horton夫妇以及Magdas夫妇结伴同行中国，我们一致认为那是至今以来最美好有趣的一次旅行。我们抵达上海的当晚就认识了小波的姐姐黄小琳以及其他的亲戚，他们为我们举办了一个‘接风洗尘宴’，聚餐会上，我扮演了猫王给大家助兴，杰克一边帮我装扮一边戏谑地说他从未见过如此丑陋的中国版猫王，当我走调时，他更是捧腹大笑，难以抑制。幸运的是，在场无人知晓猫王究竟是何许人也，更没人知道我唱的那首歌，可事后，每逢我和杰克共赴派对，他总要提起我在上海的‘猫王秀’，他告诉大家我走调了却没有人识破。

“……

“尽管我非常怀念杰克，但我们知道，他此刻正与神同在，这种对永生的盼望会一直存于我们心中。圣经告诉我们：‘我们的哀伤，不同那些没有指望的人。’圣经还说：‘因为从死里复活的主耶稣，我们可以有永远的盼望。’我们期待此生完结时能与杰克重聚，那时我们便是一起与主同在，直至永远了。而现在，杰克所留下的美好记忆将会一直伴随着我们，因为他正活在我们心中。

“杰克，我们爱你，怀念你。

“谢谢！”

佩特是杰克从小的玩伴，他们俩志趣相投，所以佩特就和杰克一样幽默滑稽。

“杰克对小波爱得简直发疯了！我们平时常常通电话，但只要小波回来了，不管我们在讲多么重要的事情，杰克都会毫不犹豫地挂掉我的电话，冲出门去迎接小波。我想，哪怕我告诉他明天我要接受心脏移植手术了，他也一定会无情地挂掉电话。

“有一回，小波和杰克邀请我去参加中国人的过年聚会，我知道中国人很在乎这个传统，所以我也非常重视，拉着杰克拜托他教我几句中国吉祥话，好让我给中国的朋友们拜个年，结果杰克竟教了我一句——‘你的屁股好大！’还好我够聪明，到了聚会上发现没有一个人说这句话，心中产生了疑惑，就没说出口。”

听到佩特提起这件事，我不由地想起当时他向我“告状”的情景，那会儿我笑得前俯后仰，如今，在杰克的“庆祝会”上，再次听到这件有趣的事，心里依然忍不住感叹我的杰克是那么可爱，就好像一个长不大的孩子，逮着机会就爱恶作剧。然而我的笑神经却已经完全麻痹了，脸部的肌肉也都僵硬地动弹不得，我

我们曾和好友佩特一家一起过中国新年

再也笑不出来，斯人已去，连同我的笑一并带去了另一个世界。

最后，轮到我们的妹夫，他也是向众人先“诉起苦来

“其实我一直很嫉妒杰克，因为他长得很帅，而且还拥有“魔法”——他到哪儿都能成为焦点，总可以在最短的时间里吸引到所有的注意力，特别是女孩儿的！所以他的身边总是不断地围着各种漂亮女孩。每回我看到这情景，都会抱怨自己书读得比杰克好又有什么用？这也成了后来我担心杰克与小波能否长久的原因，要知道他们俩之间还存在着文化差异和年龄差距。但真的难以想象，他们俩这些年来一直恩爱如初，同甘共苦，活生生地创造了一个美国之梦给我们看，并且还是童话般的美国梦！”

听到这儿，所有人都自发地鼓起掌来，还有好些人红了眼眶，充满力量的掌声响彻全场，在教堂里悠悠回荡。

发言结束后，大家都来同我拥抱、握手，几乎每个人都会告诉我一些和杰克之间的趣事儿，内容真是滑稽极了。

杰克21岁当兵时结识的一个战友告诉我，那会儿他觉得服兵役实在太苦，就拜托杰克把他打伤，这样他就能提前退役了，谁晓得结果杰克真的把他狠狠揍了一顿，一点儿都没手下留情，提前退役的目的倒是达到了，可人也伤得不轻。

接手我们面包房的大卫（David）也来了，当初他只是买下了房子，但后来杰克分文未取将生意也转让给了他，我记得那时我和梅还嘲笑杰克，说他卖东西从来没把钱收回来过。但这件事之后，大卫和杰克成了好朋友，他们经常结伴去养老院，为老人们唱歌、传福音，谁想转眼竟是天人永隔。大卫请求我送他一张杰克的照片，“我要放在办公桌上，这样就能每天看到杰克，时时缅怀他。”

还有杰克的中学同学们，他们告诉我，杰克从小就是大伙儿的开心果，但有时又真是讨厌，因为叫他出来聚会他总是拒绝，说要在家陪老婆，因为那让他更

开心，杰克的同学们听了心里其实都很嫉妒。

每个人都对我们童话故事的戛然而止表示深深的遗憾，谁也没想到我们的美好竟是因为死亡而永远停在了最悲剧的章节上。

杰克的棺材

我听到这些、那些，真不知该哭还是笑。想想也是，我的杰克不就是这样嘛，憨直、善良、爱搞笑也爱恶作剧，常常让人哭笑不得。

我听了这些，那些，也不知该哭还是笑。是啊，我的杰克不就是这样，那么憨直、那么善良，还常常让人哭笑不得。

“庆祝会”结束后，罗伯斯特家族里的六个男人把杰克的灵柩抬到了大型豪华车上。殡仪馆给每个来的人发了一面专用的小旗子，大家把旗子插在各自轿车的左车窗外，过往的车辆看见都会主动让行，于是我们一行人真可以说是浩浩荡荡地往墓地驶去。

墓地的工作人员专门安排了一个房间，在那里，我们要同杰克做他此生最后的告别。不大的房间里只瞧见密密麻麻的人影，房间外头还站了一排又一排，大家都围着、守着杰克的灵柩不肯离去，每个人都低着头默哀、抽泣，认真聆听着牧师以及服役军人代表为杰克致最后的悼词。

仪式完毕后，我们又集中到草坪上，因为杰克曾是服役军人，所以他死后能以军队的鸣枪式告慰亡灵。七名现役军人站成整齐的一排，在威严的口号下，举

鸣枪仪式

枪，然后朝着广阔无垠的天空鸣枪二十一响。整个场景庄严肃穆，枪响撼人心魄，可于我，却是一阵又一阵的悲怆肆无忌惮地袭过心头，我跪倒在地，第一次歇斯底里地哭喊。

“杰克，我那么大声地叫你，你为什么不回答我？！”

用尽最后一丝力气，我问天，问地，问杰克的上帝究竟把他带到哪儿去了？！一句句伤彻心扉的呼唤混杂在那二十一声枪响中，一同化作缕缕硝烟，不知飘向了哪里……

杰克被埋进了土里，他同我们的生活正式告别了，从这一天起，我再也见不到他，听不到他，触不到他……

之后的日子是无尽的黑暗与难熬，小琳每天陪着我，她的老板周林华是杰克生前的好友，听闻杰克的死讯亦是扼腕叹息，便十分慷慨地给了小琳一个月的假。每晚我们姐妹俩都手拉着手躺在床上，我的眼睛已经哭得红肿，小琳担心我把眼睛哭瞎了，便规定十点后不许再谈论任何关于杰克的事，命令我必须睡觉，不准哭。我知道小琳是为我好，可是漫漫长夜，不谈论，不哭泣，我还能做什么呢？只能是将对杰克深深的思念憋在心里，任其肆意地钻入我每一个器官，每一根血管中。黑夜，成了我最清醒的时候，我想起杰克父亲去世那会儿，杰克的妈妈黛西哭了整整一周，她佝偻着背，蜷缩在沙发里，一边哭一边大声喊丈夫的名字——“山姆，山姆……”一遍又一遍，直到精疲力竭。我也好想像黛西一样，大叫杰克的名字，却不知道为什么，自鸣枪那一刻的呼喊后，我再也不敢了，虽然心里每一分每一秒都在那么做，我想不通，杰克为什么走了？他真的走了吗？整宿的失眠让我的身体跟着精神一起，很快就面临了崩溃。小琳拿我没有一点办法，只好喂我吃安眠药，可那白色的小小药丸却无法带给我真正的解脱，睡着之后依然还会醒来，依然得面对一切悲痛，就像白天过去，黑夜又降临，反反复复，永不停歇。

大家都很担心我的状况，建议小琳带我出去走走，不要总呆在伤心地，小琳也同意，说是旅行有治疗的作用，于是郑医生主动安排好了行程，慷慨地请我们到华盛顿还有纽约游玩。可到了那儿，他却不同我们一道出去，而是雇了一个当地的导游，再由他的太太芝华每天陪着我和小琳，我们这才晓得原来郑医生当时正在忙着考一个十分重要的证书，要不是为了我，他是绝不会出来的，所以现在只好窝在宾馆里抓紧学习。这样一份友谊真的令我非常感动，小琳也十分佩服和感谢在危难中对我伸出援手的郑医生夫妇。

在纽约的时候，我们坐船去看自由女神像，两旁的景象随着游船的前进而不断变幻着，游客们都带着一张张兴奋的笑脸，可于我，却是越看到这种欢乐的场景就越想杰克，杰克在就好了，他的笑是多么灿烂，能让太阳都显得更热烈明亮。我想起在杭州旅游的时候，表哥建斌和表嫂灿吟带我们去西湖坐游船，杰克把他的手臂搭在我肩上，得意地开着玩笑。还有我公司的夏日聚餐，就是几个月前的事，在那个水上公园里，我和杰克穿着火红的情侣T恤，一起在小船上踏着水，吸吮着新鲜又湿润的空气，大笑着说我们是一对神仙眷侣……我再也忍不住了，失控大哭起来，小琳和芝华一下子手足无措，身旁的游客们也都向我投来奇异又同情的目光。我倒在小琳肩头，告诉她“我真想跳下去一了百了”，她听了担心得要命，之后一路都同芝华一左一右地紧紧陪着我。到了帝国大厦，我实在

我常抱着盖在杰克棺材上的国旗，以此怀念他

撑不住了，就瘫坐在地上，告诉她们我真的没心情游览。后来回忆起这段，心里真是觉得很对不起她们，特别是姐姐小琳，她也一样是我的至亲，为了我抛下自己的生活千里迢迢来到美国，时时刻刻陪在我身边，可杰克不在，我就是开心不起来，在我的生命中是没有人可以代替他的。

大家都说我是得了“恐惧症”，恐惧杰克去世的现实，恐惧没有他的时空，同时又恐惧一切和他有关的事物来勾起我们曾经的美好。事实也确实如此，直到一个月后，我的情况依然没有任何好转，依然每天陷在严重的悲痛和害怕里，可小琳却必须得回国了。她临走前的几天，我的恐惧症发作得更加厉害，我每天不停地问小琳“你走了我怎么办？”，动不动就掉眼泪，浑身发抖，真是像个疯子一样，可我没法控制自己，小琳只好一直安慰，叫我不要害怕，说过几天春妹就要来了，听到这句我的情绪才稍微平复一些。早在小琳来美之前，春妹就在电话里告诉我她要来，我想想自己已经麻烦了太多人，实在不愿再影响她的生活，况且她在中国还有一摊子的生意要经营，但没想到春妹很坚持，她说：“当初我爸走的时候，我妈也和你一样，不想活了，要自杀，所以我能理解你的痛。”

送走小琳后，春妹还未赶到，那几天里只要太阳一落，我就开始心慌手抖，我根本不敢一个人呆在卧室里，只好叫梅来陪我，可还是要依赖安眠药才能昏昏沉沉睡着一会儿。终于盼到春妹来了，公司的司机载着我去机场接她，飞机降落时已经凌晨一点多，我看见春妹从出口走出来便朝她挥手，她却不理我，依然昂头抬眼在找人的样子，我只好走到她跟前叫她，谁知她的反应竟是瞪大了双眼，用手捂住嘴巴。

“小波，你怎么变成了这样？！我真的一点也没认出来！你怎么这样了呀？！”

春妹红了眼睛，惹得我的眼泪也再次泛滥，司机只好轻轻推着我们俩往停车场去。

到了家，我安排春妹睡在大床上，自己挪到了一旁的沙发上，我告诉春妹，这张床我今后恐怕是再也没法睡了。我吞下了安眠药，打开电视机，总算又熬过了一个夜晚。

第二天，春妹鼓励我去上班，她说我应该要渐渐恢复正常的生活了，总不能再这样消沉下去，“我一整天都可以陪着你，所以不要担心，慢慢的，一切都会好起来的”。我知道春妹是对的，杰克去世到现在，我没再回过公司，虽然罗伯特从未催促过，但我自己也觉得不好意思，于是我接受了春妹的建议，稍微收拾了一下，准备去上班。

可一到驾驶座上，我就感到脑袋发闷，呼吸也变得不很顺畅，我咬牙坚持着发动了车子，谁想才开出去没多少路，我的异常症状就越发明显，我的手开始颤抖、发麻，握不紧方向盘，喉咙就好像被人掐着似的，空气被阻隔了，我没法呼吸，春妹看到我这情形也是吓得手忙脚乱，她拼命捋着我的后背，叫我冷静，深呼吸，可却没有一点效果，车子开始在路上摇晃起来，春妹紧紧抓住座椅，“小波，不行就别开了，我们停下来，停车！停车休息一下！”一个急刹车，我和春妹的身子都往前冲了一下，车子停在了路边，我用力推开车门，急促地大喘气。春妹一脸焦急，她帮我撸着胸口，还帮我按摩手、肩膀和脖子，叫我放轻松，不停安慰我。休息了好一会儿，我才缓过神来，无力地瘫坐在椅子上，真没想到，杰克走了，我不仅仅是不敢一个人睡觉，而是连车也没法开了。“杰克，你夺走了我生命里所有的快乐，还让我成了一个废物，什么都干不了，我好怕啊！你到底去哪儿了……”我在心里一遍遍呼喊杰克，可依然没有任何回应，春妹一时手足无措，她没有美国驾照，所以这车只能我自己开。

“小波，我们一起唱歌，大声地唱，这样可以转移注意力，你不想杰克就不会恐惧了。”

春妹鼓励着我，可我却怎么也唱不出声，就好像嗓子眼被堵上了，春妹还叫我笑，她说“笑笑人会舒服很多”，我也笑不出来，只觉得自己脸上的神经都僵住了。坚持着没开出去几步，我的“恐惧症”却又犯了，只好再停下来，我告诉春妹我真的不行了，她又急又害怕，能做的却只有安慰鼓励我，最后我用乌龟爬的速度把车开到了医院，由春妹搀扶着去挂了急诊。

这次之后春妹再也不敢让我开车了，我们只好窝在家里，碰巧梅又忙着学校的考试，于是照顾我生活起居的重担就全落在了春妹肩上。她每天为我烧饭做菜、洗衣打扫，还陪我聊天，帮我按摩放松，我知道她一心只想我能尽快摆脱伤痛，快乐起来，但我做不到，我告诉她每天一睁开眼睛，我感觉到的就只有痛苦，因为我看天也不行，看地也不好，环绕四周就更加伤心。我一抬头就想到杰克，想他在天堂，那么遥远，一直要等到我也死的那天才能再遇见，可之前的日子要怎么过呢。低头看也还是想到他，孤零零地被埋在土里，也不知道变成什么样子了，会不会冷？会不会和我一样害怕得无法呼吸？一进卧室，眼前就浮现着杰克惬意地躺在床上的情形，他撒娇求我跳舞给他看，我一踢腿，他就拍手叫好，还欢呼、吹口哨。还有他最爱的后院，现在已是一片破败，花草蔬菜无人照料，凋的凋，死的死，剩下的也都东倒西歪，没有一点生命力。我喜欢的那座四角亭也被大雪压坏了，整个顶都塌了，不能再用了，我想起秋天的时候，杰克还准备把它搬到储藏室里，我心疼他受累就建议把桌子、椅子都放到四角亭里，然后去买块大的塑胶布把亭子盖起来，那时杰克还兴奋地说等到夏天要开一个Bacci court（一种意大利的铁球游戏）派对，把老朋友统统邀来狂欢一番，还说要再给我买一个更大更好的亭子，可我却回答他“明年再说吧”，如今东西都坏了，人也走了，真不知是巧合还是老天爷故意要让我遗憾一生。

临近周末，我的心情就更加低落，想想从前的周六周日都是我最期待最快乐的时候，我和杰克称其为“小蜜月”，因为我们总有做不完的事，说不完的话，可现在，真不知道该怎么挨。我着急慌忙地到处去打听，最后联系到在克利夫兰的扇子舞课程，那里正好缺一个老师教课，我必须得给自己找点事做，以免更多的胡思乱想，于是答应了下来，还拜托了朋友开车送我和春妹去。在教室里，面对着一群热情友好的学生，我逼着自己微笑，逼着自己集中精力，投入到舞蹈中，可教到一半，人又开始发抖，呼吸困难，真的是撑不下去了，我怕吓到学生们，只好冲到洗手间去，靠在墙壁上，拼命地大喘气。春妹奔进来看我，她紧紧握着我的手，叫我一定要挺过去，“我的脊梁骨都被打断了，我真的挺不起来”，我瘫坐在地上，一口气怎么也顺不过来，春妹看我脸色都发白了，只得叫送我们来的朋友赶紧载我去医院挂急诊。

亲朋好友们得知我的状况也都很担心，经常来家里看望我，春妹后来同我说，那时的我就跟祥林嫂一样，逢人便要讲杰克，讲着讲着就要掉眼泪。杰克有一批在教堂认识的朋友，他们十分关心我，看到我一天比一天消瘦萎靡就邀我去做心灵辅导。在其中一个教友的家里，我坐在最中间，其余的人将我围住，他们一齐为我祈祷，请求上帝保佑我，去除我的病痛。

我闭着眼睛，看到了手捧深蓝色圣经的杰克，清晨温柔的阳光正落在略微泛黄的纸面上，散发出些许轻轻摇弋的光晕，杰克就和平常一样，正端坐着朗读圣经，读到感悟处，他会停下，细致地做些笔记。随后，他开始祈祷，他竭尽所能念出脑海中每一个人的名字，混杂着流利的英语和蹩脚的中文，从国家总统到家人朋友，最后，他恳求上帝保佑他成为更好的丈夫和父亲。我真的看见他了，就在我眼前，就坐在落地窗那儿，我能看见，一切都未曾改变，就连空气罅隙间的温暖我都能触碰到。别惊扰这一切，拜托，拜托……

眼泪顺着脸颊急速滑落，坠在衣服上、手上、地上，大家还是把我推醒了，告诉我那一切只是幻觉。

“怎么可能是幻觉呢？！我真的看到他了！就在那里，不是在做梦！”

然而不是幻觉，不是梦又能是什么呢？眼前没有落地窗，没有阳光，更没有读着圣经的杰克，只有一群为他超度、为我祈祷的好心人，可为什么基督徒也会死呢？杰克那么虔诚，真是想不通上帝要召他去做什么。教友们说杰克不是死了，而是重生了，但我听不懂，什么重生？重生到哪里去了？我一点思想准备也没有，总想着杰克起码要活到八九十岁，而且我对他的照顾从头到尾都是百分之百的周全，他也是把一条命完完全全地交到我手里，所以他生病就是我的责任，如果当初不是我听了护士的一面之词，他又怎么会找那个医生帮他开刀呢？后来的很多年里，我都戴着这个“紧箍咒”，直到它把我的心都给箍碎了……

春妹陪了我两周后准备回国了，我每天同她商量，想着能推迟一天是一天，我真的没法一个人呆在这片伤心地，可春妹在金华还有家庭和生意要照顾，回去是迟早的事。她也很担心我，犹豫再三只好在晚上偷偷给小琳打电话，报告我的近况，她说：“小波越来越不行了，总是送急诊，我那边的生意实在太忙，不能长期呆在美国，要不我就带小波一道回金华。”小琳不同意，说：“你把她带回上海，就算背也要把她背回来，她的家人都在这里。”春妹只好问我的想法，可实际上，这个问题我是连想都不敢想的。

“我的一切都在这里，我怎么走得了？不可能的！”

“小波，你现在是生命第一。”

杰克走了，我这条命已是去了大半，也没什么重要的了，而且从和杰克结婚那天起，我就把家安在了美国，安在了有他的地方，从没想过有要离开的一天。

心意虽决，可我自己的状况却实在是不争气，随着春妹回国的日子越来越临近，我的“恐惧症”发作得更加频繁，我开始纠结，不知自己该去该留。一天，梅开车陪着我和春妹去超市买特产，半路上我又喘不过气来了，梅大喊，叫我坚强起来，她说：“今天决不能返回，必须往前开。”我只好张开嘴巴，大口急促地吸气呼气，但还是缓不过来，我真想“临阵脱逃”，但梅不允许，坚持把车开到了目的地。车刚停，我就推门而出，蹲在停车场痛苦地大喘气，青筋都爆了出来，天晓得这种快窒息的感觉是有多恐怖，我这才发现自己根本没法想象一个人呆在这里，独自面对巨大的悲痛和孤独，我意识到杰克的离世已经让美国于我而言失去了意义，那一刻，我决定买机票跟春妹回上海，回到我家人都在的地方。

逃难

决定得太突然，收拾行李的时候，我发现根本无从下手，看看自己和杰克布置、经营的家，好像什么都该带走，又好像什么都可以留下，到最后真是灵魂出窍，也不知道自己拿了些什么，只装了两个小箱子便完事了。这让我想起22年前，我也是只提了个小手包就去了杰克家，而后的人生便起了翻天覆地的变化，可那时是奔着希望，奔着爱去的，如今算什么，真是像极了逃难。

转眼就到了离开的日子，我同春妹一起登上了飞机，坐在位子上，我一直紧紧地闭着眼睛，不敢看也不想看任何东西，春妹什么也没说，只是握着我的手。很快飞机就启动了，先在地面上加速滑行，然后离地升空，慢慢地，越升越高，直到突破云层，这整个过程里，我的心脏也跟着在起伏跳动，先是快速大力地好像要冲破胸膛，接着又一路悬空直到嗓子眼。我用力拽着春妹的手，可心脏越跳越快，我控制不住地颤动双肩，粗声地喘着气，好像那只无形的大手再一次架在了我的喉咙口，使劲地掐着我，我能感觉到春妹正在焦急地摇动我，喊着我的名字，可我发不出声音，就像在做梦，梦里我在找寻杰克和梅，我能听见他们俩的笑声，可却怎么也看不到人，我急得心跳加速，快哭出来了……两旁的乘客都探头看我，他们说我的脸涨红了，青筋全都暴露在外，春妹急得手足无措，然后空乘人员都跑了过来，我是不是要死了？这些是我在人间看到的最后画面吗？我闭上眼睛，用尽全身的力气，喊了声“上帝”，还叫了杰克和梅的名字，我以为下一秒我就该断气了，可扑鼻而来的却是一股新鲜空气，它让我镇定，让我慢慢缓了过来，小心翼翼地睁开眼睛，原来是空乘人员为我接上了氧气。

之后的飞行旅途中，春妹和一位叫琳达的空姐一直陪着我聊天，我同她们细数杰克的好，杰克滑稽的玩笑还有他的恶作剧，琳达听到有趣处总会咧嘴大笑。行程过半，我的心情也平复了一些，春妹喂我吃了一粒安眠药，她怕剩下的时间还是熬不过去的，就这样迷迷糊糊总算是到了上海。

来接机的是我两个姐姐，运运和小琳，还有小琳的老板周经理，他们见到我之后寒暄了几句，也没有多说什么，但进了电梯之后，运运和小琳都抹泪哭起来，运运反复念叨“你怎么会变成这样了”，小琳也说我比半个月前看起来还要糟糕。春妹开始同她们说我在美国的情况，姐姐们听了哭得更加伤心，唯有我像个局外人似的，愣愣地站在那儿，也不知道说什么好。然而我心里是觉得很对不起家人朋友的，小琳和春妹都是抛下家庭和工作，专程飞到美国来陪我，照顾我，特别是春妹，她在美国的两周里什么好地方都没去过，反而是把医院当成了旅游景点，陪着我从大医院看到小医院，从门诊挂到急诊，还见了好几次家庭医生，她为我洗衣做饭不说，还要每天担惊受怕，春妹虽然毫无怨言，还总说“我

兄妹情谊陪伴我左右，右起：大姐杜梦璞、大哥杜宪刚、二姐黄运运、三姐黄小琳

来就是为了照顾你的”，但我真是觉得很对不起她，现在回上海了，又要开始麻烦家人。

一听说我要回来，小琳和运运就忙着帮我打点安排，她们都住在徐家汇一带，所以小琳就租下了她楼上的一套三室，说姐妹们在一起好照应，叫我什么也不用担心，我听了心里暖暖的，很感动。

自从搬进去住下之后，家人们就每天轮流来看我，特别是到了晚上，我一定要有人陪着才敢睡，我的两个姐姐总自嘲是“奶妈团”里的骨干成员，还常常开玩笑问我“什么时候能断奶？”过了两个月，房东说他自己要搬回来住，于是小琳又帮我物色了另一套三居室，还把妈妈和照顾她的阿姨一起接了过来，统统陪着我。有一天晚上，姐姐们都有事来不了，九十几高龄的妈妈就抱着枕头，颤颤悠悠地走到我卧室，说今天就由她这个老“奶妈”来陪我睡觉。躺在床上，我告诉妈妈：“你那么大年纪了，眼睛又看不见，还要来照顾我，想想真是很对不起，但我实在拔不出来，真是太痛苦了。”

“你啊，是从天堂堕到了地狱里，粉身碎骨了怎么会不痛？”

妈妈的这句话真是一针见血，是啊，从杰克走的那刻起，我就是摔在了地狱里头爬不起来，每天在血泊里挨着，这日子真是万分地难过。所有人都劝我，鼓励我跨过这个“门槛”，我说“什么鬼门槛，我不会跨”，我是真的不会，连抬脚的力气都没有。

在上海，看的听的、吃的住的都和美国不一样，可以说生活是全新的，可惜我还是那个我，心里装着杰克，装着满满的自责和悲伤，所以做什么都会想到他。

小琳总是想着法子鼓励我多出去走动，她报名参加了一个健身房的舞蹈班，也拉着我一道去，可每次上课，只要一放音乐，我就想起杰克。在他进医院之前我们也报名参加了宫廷舞的课程，其实第一节课的时候他就喊肚子痛了，我叫他去挂急诊，他却固执得不得了，怎么都不肯去，非要先陪我跳舞，也就是那次之后，我们这一生都无法一起跳舞了。想想就觉得精神上受不了这样的打击，我也没法专心地学习舞蹈，总是一边跳一边哭，所以小琳报的班我也就没再去了。

后来，运运又拉我去做按摩，她说那是帮助缓解压力最好的办法，每次她去按都能舒舒服服地睡一觉。可轮到我，却是百般的不舒服，按摩师只要一碰我，我就想起杰克生前每天都帮我按摩的场景，我把双脚舒服地翘在他腿上，他温柔地帮我按着，然后我们就开始分享各自一天的生活，讲到好玩的地方我们总会开怀大笑，可这样的日子以后再也不会有了。越想越觉得浑身不舒服，连骨头都开始刺痛，只好同按摩师打招呼，告诉他是我的问题，不是他不好，但从此，我再也没进过按摩店。

我的大姐梦璞也常常来看我，拉我去散心，从家里出去很容易就会经过西亚宾馆，那是以前我们一家三口来上海必住的地方，大姐怕我触景伤情，就故意绕道而行，我都知道，便请求她带我去看看。眼前的西亚宾馆还是扎实地矗立在车水马龙的繁华地段，看到那一扇扇窗户，不禁想起杰克和梅，这对父女最爱趴在房间的窗前，观望外头的勃勃生机，到了晚上，景观灯一一绽放开来，两人就更加兴奋。还有小琳，每次她一来，三个人鸡同鸭讲地能笑上半天，记得有一次我实在吃不消了，只好同他们商量，先停一下，让我睡觉倒下时差。谁能想到这样美好的回忆到如今却是一把把锋利的尖刀，直往我的心上插，痛得难以形容。

在上海的头三个月里，那个“恐惧症”依然缠着我，每天睡前，我都要吃一颗安眠药，可到了凌晨三点却又醒了，就再吃一粒，然而好几次还是像在美国时一样，一口气提不上来，浑身发抖，像心脏病发似的，我怕妈妈受惊，只好偷偷打电话给运运、小琳，姐姐姐夫们轮流着送我去挂急诊。到后来我忽然间暴瘦近二十斤，全身的青筋都暴了出来，完全像变了个人，而且感觉从头到脚都是毛病，家人们都很担心，被我拖着到处去看病，中山医院、华山医院、华东医院……可医生们全都查不出个所以然来。

能做的，能说的，能帮的，大家都是尽心又尽力了，可我还是一副半死不活的样子，老母亲急得没了办法，只好开始“批判”我和杰克的爱情，她说：“你们这样的爱是不对的。”

“可我已经过了22年，对还是不对早就不重要了。”

“你为杰克牺牲付出了那么多，因为你他们家才变得越来越好，所以你不欠他的，干嘛要把自己搞成这样？”

我让妈妈不要这样说，我告诉她：“杰克在我心里就是一个英雄！”

“但他已经走了，你不应该再没完没了地爱他，你应该恨他，每天想他不好的地方，你自己就好过了。”

妈妈不提这个倒还好，一说我更加伤心了，这么多年，我同杰克吵架的次数都屈指可数，更别说他有什么不好能让我记得，还让我怀恨在心了，要真是那样我也就不会把自己的大半条命也搭给他了。我去问小琳下半辈子到底要怎么过，我只要一想到没了杰克的陪伴和照顾就失去了活下去的勇气，害怕得连气都喘不过来，小琳也不知该怎么回答我，情急之下就叫我骂脏话发泄，我说我骂不来，请她教我，她也骂不来，想了半天教了我一句“操你奶奶的”，让我骂一万遍，说发泄完了，气就顺了，可结果证明这真不是个好办法。小琳看不下去了，就冲我说：“不是只有你幸福，比你还幸福的人多的去了，人家也没像你这样要死要活的。”我问她“有谁比我还幸福？”我请她说，但她想来想去，一个也说不出来。有一个

亲朋好友们鼓励我走出痛苦

朋友说："人人都要死的，杰克为什么不能？每个人都有自己的命，不过是早晚的问题。"可杰克是我精心照顾、护理的宝贝啊，一直以来，我把他看得比自己还重要，他痛风，我管着他不许他吃巧克力，他晚上睡觉呼吸有点重，我就马上买了呼吸机让他用，我每天往他嘴里塞最高级的营养品……真不明白，他怎么就得了那么重的病，想来想去都是我的责任。还有人劝我，说："伤痛是一种财富，叫人更懂得珍惜。"天啊，我可承受不了这个要人命的"财富"。

适应了好一阵后，我发现让自己忙到疲惫不堪，倒头就能昏睡还算是个办法，于是我开始寻觅参与各种活动，从美商俱乐部、海归俱乐部到欧美同乡会，我还拜师学起了国画、古筝，每天我都非要累得筋疲力尽才肯回家。起初还有些作用，可连着几天之后，在打开房门的一刹那，我看着陌生的环境、陌生的房子，想到下半辈子就要在这里过了，就觉得活着好没意思。我想家了，那个在大洋彼岸、真正属于我的家。可来上海的时候，我就提了两个小箱子，几乎所有的东西都留在了美国，那时可能还抱着要回去的希望吧，现在看来，我一个人也没有回去的理由了。于是打电话给杰克的好兄弟佩特，他和他的太太琳达真的是充满善心，他俩在我家收拾了整整十天，然后到各个超市去讨废弃的纸箱，帮我把房子里所有的东西都分门别类地装进箱子打包好，贴上标签，最后把近30个箱子海运给了我。当我收到这些东西时，真不知该如何感谢他们。

然而，当这些见证我生活点滴的物件静静安放在眼前时，我却又失去了打开的勇气，只是愣愣地看着它们，心里清楚自己是得了一种很严重的病，但我不知道缠绕着我的病痛究竟什么时候才能好。其实很多人都无法理解我的痛苦，在美国时，连心理医师也说可能一二百万人中才有像我同杰克这样的爱情，所以在大家看来，我失去了我的丈夫，悲痛是自然的，但也该有个度，或者给自己一个时间截点，尽快地恢复过来，可事实上，只有我自己才知道，我是同时失去了

老友华赞鼓励我要化悲痛为力量

好友相伴，左起：包娜姐姐、包娜、仙花、春妹

五个人——我的丈夫、我的“父亲”、我的“小孩”、我的兄弟和知己，这就是杰克与我之间的关系，22年来，我们都在彼此的生命中承担着这五个最重要的角色。所以如今，我一个人背着这样惨重的损失，还要叫我挺起胸膛，叫我微笑，虽然明白大家的好意，但于我，却仍然是太过强人所难。

日子一天天过去，家人朋友都坚持着陪伴左右，给予了我很多关爱和耐心，他们也不断提醒着我，我不仅是个妻子，更是一位母亲，我还有一个女儿在大洋彼岸等着我康复，等着我回去。我又何尝不知道呢？自从杰克走后，我对梅的愧疚感就同对杰克的思念一样与日俱增。我“逃难”回上海的时候，一切都太过仓促，我只能临时将梅托付给好友李冬剑、郭梅夫妇，那时梅正一心应对着毕业考试，这场考试对她是否能进入名牌大学起着不可忽视的作用。梅一向优秀，所有人都祈祷杰克在天堂能庇佑女儿，希望她别因为爸爸的离开而发挥失常。好在梅表现得异常坚强，每天埋首学习，春妹告诉她要把妈妈带回上海疗伤，她也只说“妈妈好就行了”，可就是这样的懂事，让我更加心疼和内疚，谁都晓得梅同杰克的感情是多么深厚，春妹也说她一定是看见妈妈已经倒下，不想再雪上加霜才一直忍着，把所有的痛都藏在自己心里。

到了四月的复活节，梅终于有一周的时间可以来上海陪我，我和姐姐运运，还有特意从义乌赶来的我的好姐妹仙花一道去机场接她，结果等了半天也没见着人，我急得要命，还好仙花聪明，问了工作人员，才知道我们是等错了地方，仙花赶紧先跑到正确的出口，总算是接到了梅。上了车之后，运运和仙花一直对梅嘘寒问暖的，反倒是我一时间不知该说些什么才好，总觉得心里对女儿有亏欠，梅也沉静得很，不说话时就把头别过去，对着车窗，我很担心她，很想问问她一个人在美国的情况，但运运朝我使眼色，在我耳边悄悄说梅正在默默掉眼泪，让我先别问太多，我见运运的眼睛也红红的，再看看我可怜的梅，便也忍不住抹起泪来。其实我不问也能想象，从小到大，这是头一回梅自己一个人搭飞机来上海，以前都是我们一家三口一起出发，或者是我跟着老板罗伯特先来办事，杰克再带着梅随后赶到，有杰克在，笑着闹着，感觉十几个小时很快就过去了，可这次却只剩梅孤零零的一个人，他爸爸死了，我们母女俩再也不是谁手心里的公主。之后的一路上，谁也没开口，大家都把头转向窗外，偷偷地掉着眼泪。

那天晚上，姐姐运运来找我谈心，她告诉我梅其实是一路哭着到上海的，杰克去世到现在，她因为怕自己的眼泪更加刺激我所以一直忍着，直到来之前要替我去美国药房买药的时候，梅再也忍不住了，嚎啕大哭了一场。

“我真的很伤心，在毕业考试那么重要的时候，我爸爸死了，妈妈又得了忧郁症逃回了上海，本来那么完美的一个家，忽然之间就只剩下了我一个人。”

运运一边擦眼泪一边同我转述着梅的话，我听了真像是被一把尖利的匕首刺中了心脏，然后左一刀右一刀，被砍得体无完肤。

“小波，你真的要振作起来，不好再这样消沉下去了，你还有个这么优秀的女儿，你总不能让她没了爸又没了妈吧？！”

我知道，知道姐姐说得很有道理，但很多精神上、情绪上的问题不是靠道理就能解决的。想想杰克这个人，他那富有穿透力和感染力的笑容，哪怕是再冰冷

全家福

的心，也能被他温暖融化，或许当我第一次遇见这笑容的时候，我就已经在潜意识里同自己说，我会嫁给这个人，多么幸运！我做到了，可如今，杰克却连同他的笑容一起，把我的快乐也带走了。还有他为我营造的美丽日子，每天早上，我的眼前总会出现像盛开花儿般的笑脸，杰克喜欢把眼睛弯成两轮好看的月亮，温柔地对我说："小公主，我的最爱，起床啦。"然后拉我一把，将我背到洗手间去洗漱。真的是好怀念，可老天偏偏不允许我永远扮演那个被宠坏的小女人，我也明白，杰克比我大，可能要比我先走，但他的爸爸活到83岁，妈妈更是90高龄，怎么算我们都还起码有15到20年的时间吧。杰克以前去养老院做善事，总会指给我看，有些老夫妇，男的背已经很驼，但还是坚持推着太太的轮椅在草坪上散步、晒太阳，还有的经常在公共场合嘴对着嘴亲吻，如年轻恋人一般。这是我从小就最羡慕的白头偕老，总以为这辈子会同杰克一起实现这个愿望，谁料到头还未白，人却先走了，所以我不是不想活，而是真的不知道每天该怎么活。但为了可怜的梅，为了对她的爱和责任，我知道，我必须努力去做！难度真不是一般的高。

我开始寻找和我有类似经历的人聊天，渴望通过交流我们能互相扶持着度过人生的难关。这些丧失亲人的朋友们有的说杰克两周就走了，没有让我受苦服侍，我应该感谢他才对。我说我情愿服侍他，即便他永远躺在病床上，睁不开眼，张不了嘴，我就一辈子住在医院里，陪着他，只要他还有一口气在，我的心就舒服了。一开始大家都无法理解，觉得我是夸大其词了，但当他们听说了杰克的故事后，都不约而同地竖起大拇指，他们叫杰克"模子"（上海方言，意味"榜样"），说："小波，你这辈子没有白活，22年有杰克这样爱你的男人。"我还遇到一个同样失去了丈夫的女子，她告诉我，她的丈夫坐在她身边的椅子上看电视，突然间就心脏病发走了，她甚至都还没来得及向丈夫说再见。虽然我也没有机会向杰克说再见，但我没有遗憾，因为22年里，我们说了好多好多话……

小梅回美国后，包娜又赶来看我，还同我分享了她妈妈去世后她的经历与心得。包娜说她那时告诉自己一定要化悲痛为力量，并且应该更加珍惜自己的生命，所以后来她经常和朋友们一起骑着自行车做跨州旅行，还坚持为癌症患者募捐。我在心里视包娜为榜样，可自己做起来却是困难重重，包娜为了帮助我，特意领我去云南旅游，姐姐运运也陪着我同行，感觉就像当初我同包娜在华师大校园相遇后带着她去各地旅行一样，可心情却是天差地别。我们入住的喜林苑酒店总裁、也是我的好友林登先生也帮着开导了我很多，给了我一些启发，我开始很努力地让自己微笑，让自己享受自然的馈赠，可彩云之南的美景依然无法印入我的脑中。

左一：好友林登

为你而活

转眼到了6月，梅的毕业考试已经结束，我从越洋电话里收到了她的好消息，我的女儿总是那么优秀，这真是让我既欣慰又惭愧。梅叫我无论如何要回去参加她的毕业典礼，其实她不开口我也已经有了准备，我知道这是我不能回避的责任。面对那片伤心地，我的“恐惧症”依然存在，但为了梅，为了和她一起庆祝得来不易的荣耀，作为母亲，我是一定要回去的。

我的意识很清醒，可心理上的那个毛病却三番五次地作祟捣乱，我想起自己和杰克曾那么多次幻想过梅毕业典礼的场景，她是我们的骄傲，我们都相信她一定会获得成功。特别是杰克，总是兴奋地遐想，他说典礼那天他要穿上最爱的西装，系上帅气的领带，然后让梅挽着他的手臂进入现场，让所有人都知道他的宝贝女儿是那多么优秀和漂亮。想想就黯然落泪，于是我拖拖拉拉，最后是在运运的催促和陪伴下才上了飞机，也就是这样，我错过了一件对梅和我而言都十分重要的事，多年后我依然后悔不已。

到了美国见到李冬剑和郭梅夫妇之后我才知道，梅在毕业前得了好多奖，学校特意安排了一个表彰大会，要在会上颁出这些奖杯奖状，而得奖人必须挽着父母上台领取，以显郑重和荣耀，可那时我还在上海犹豫踌躇，梅不想让我操心，就没告诉我，最后是李冬剑和郭梅代替我扮演了这个重要角色。想想当时的场景，梅该是多么孤单和悲伤，就像她说的，在最重要的时刻，爸爸走了，妈妈病了，只剩下她一个人。我真的很懊悔，运运也不停责怪我的任性，可时间不能倒流，我能做能弥补的也只有在梅的毕业典礼上尽到妈妈的责任，让她明白我对她的爱以及骄傲。于是收拾好自己，打起精神，我和运运一起去了典礼现场，我还特意找了摄影师朋友帮忙录下典礼过程，到时候送给梅做个纪念。

这一天的天气十分宜人，碧空如洗，阳光明媚，树木、花朵也都伸展开了笑脸腰肢，为好天气增添了一抹绚丽色彩，我和运运坐在露天观礼台上，头顶着灿烂的太阳，感觉自己就像是出梅后被拿出来晒的旧衣服，拼命吸吮着温暖因子，用来驱散内里的霉味和湿气。这样晒一晒也好，身子觉得轻松了不少，心里也有了一点暖意。

我和梅在毕业典礼上

整个毕业典礼有好几部分，而梅无疑是每个环节里最出挑耀眼的那个。她先是跟其他全校排名前十的同学带头入场，每个人都穿着长长的红袍，头戴规定的方形帽，帽沿处垂下一把金灿灿的流苏，这是前十名的荣誉象征，随后入场的学生们是没有的。在这支优秀的小队伍里，梅是唯一一个女生，而且是全校第一名，我和运运拿着相机，对着梅一阵乱拍，运运显得比我还兴奋，她说自己心里激动得不得了，作为梅的姨妈真是感到非常“有型”和骄傲！学生统统入场后，梅作为优秀毕业生代表上台发言，她表现得十分大气和淡定，发言的内容既丰富又精彩，还有不少令人动容之处，特别是提到我和他爸爸的时候。

“……

“在四年的坎菲尔德（Canfield）学校生活中，我收获颇丰。第一点，行动远胜于空谈。我一直告戒自己：如若着手一项事务，在最后交付期前兢兢业业地做好工作远比临时抱佛脚要好，所以我克服了自身的惰性，学会了坚持不懈，毕竟熬夜至清晨四点是相当累人的。但正是由于这份执着，使我对自己有了更深一步的认识：我绝不愿意让自己做无所建树的事，高中阶段，若我决心要去做的事，我定会尽力做好它。

“对我而言，有一点是非常幸运的，我有非常疼爱和体恤我的父母，他们总是竭尽全力地帮助我实现自己的梦想，也正因如此，我才能够来到这个学术权威的所在地——坎菲尔德高中。谢谢你们，爸爸妈妈，感谢你们18年来的付出，你们抚育我成长，塑造了我未来的价值观和道德观。

“……

“最后，请记得要保持快乐，但不要试图去寻求它，如同ROBERT BRAULT曾经所言：‘如果你在世界上寻找快乐，你最终会发现，你又被领回了家门口，因为地球是圆的。’生活不可能尽善尽美，但也不能因此就悲观，我留给大家一句STEVEN COALLIER的箴言：‘搏击生命，人生短暂。’”

恍惚间，我竟看到了杰克，他朝我缓缓走来，坐在我身边，眼睛和嘴巴都还是弯成那个好看的弧度，他牵起我的手，放到嘴前深深亲吻，一股暖流瞬间穿过了我的每条经络、每个细胞，最后直抵心灵深处，它叫我觉得自己有了温度，很安全，不再孤独。然后杰克将我的手紧紧包裹在自己的两只大手掌中，轻轻放在膝头，还同往昔一样，冲我调皮地眨眼睛。

“我就跟你说吧，我们家出了一个天才！”杰克转头看向台下正在演讲的梅，“怎么样，我没说错吧？”

这是有多久了，我没有听到杰克充满自信的声音和他那抑扬顿挫的夸张音调，我笑了，笑得眼泪都汇聚在眼眶里打转。

“是是是，你没有说错，我们的梅很争气，很优秀。”

“那当然，因为她是罗伯斯特·杰克的女儿。”

杰克自顾自地大笑起来，我忍不住轻拍了一下他的肩膀。

“你就喜欢瞎骄傲，梅又不是属于你一个人的。”

“所以我还有半句没说完啊，梅之所以能这么棒，更重要的原因是，她是我和你爱的奇迹。”

杰克就爱这样，自吹自擂地开好玩笑之后又故意扮起深沉，我才不吃这套呢。

“少拍马屁，我可只听到前半句。”我也嘟着嘴假装起来。

“嘿，亲爱的，这可是梅自己说的好不好，‘感谢妈妈总是陪伴在我身边，你是我最爱的人！’最爱诶！可怜我只能排老二咯……”

杰克又皱眉闭眼地玩假哭，可我的眼泪却是真真实实地如断线珍珠般滑落，我配不上女儿的称赞，在她最需要妈妈的时候，我却病倒了，“逃走”了。

“都怪你！说走就走了，让我想你想得快发疯，把一条命都搭给了你！”

我忍不住呜咽起来，杰克随即将我一把揽入怀中，像个慈父般温柔地轻抚我的背，安慰着我的悲伤。

“我没有走啊，我一直都在你身边，只不过变成了清水，变成了阳光，变作了让你站立的尘土和一朵为你而开的鲜花，事实上，我愿意成为你想要的一切。”

“你骗人！如果你没走，那为什么我看不到你，听不到你？！”

眼泪来势凶猛，我推开杰克，不自觉地提高了分贝，我质问着他，可他的眼神却是加倍地柔软，还隐隐透出一种坚定的光芒。

“但你依然能够感受到我不是吗？”他将我的手握得更紧，“小波，你一定要相信，当你沉浸在悲痛中无法自拔的时候，我还是会像以前一样，将你揽在怀里，接过你的忧伤。你哭泣，我也会跟着掉泪，你受伤，我也是一样的痛，所以，宝贝，请你忍住眼泪，请你找回微笑，我的灵魂真的没有离开过你片刻，我的心也绝不会改变，我对你的爱，是生生世世，永永远远的！”

“你又哄我，”虽然我的心已然被杰克深深打动，但表面上我却不想那么快就放过他，“那么久了，每天夜里，我大声地叫你，你又不是聋子，为什么从来也不回答我？”

“因为你没有闭眼睛啊，”杰克再次将我抱入他怀中，“下次，你想我的时候，需要我的时候，你就闭上眼睛，我保证，你一定可以感觉到我。”

“如果还是没有怎么办？”

“那你就打我，惩罚我。”

“我现在就打你，”我握起拳头，在杰克的胸膛狠狠捶了几下，“你才66岁就抛下我走了，你爸妈在天堂看到你，肯定也要打你，问你是不是疯了，那么早就上去跟他们见面。”

“被你猜中了！他们狠狠揍了我一顿，我到现在还觉得痛呢。”

杰克捂着肚子，皱眉装起可怜来。

“等哪天我上了天堂，也要找根棍子揍你，好好发泄一下，让我活得痛不欲生。”

“你不会再那样了，因为我知道你会用我的爱来疗伤，然后为了我，好好活下去，对吗？”

真不想回答杰克，我的心病一直不好，就是因为我从没正式跟他说再见，他依然活在我的心里，活在我的点滴回忆里，占满了我所有的生活。我同他是“连体人”，没有他我连呼吸、吃饭都不会了，现在要叫我们连筋带骨地同他血肉分离，我下不了这个决心。

当我犹豫的时候，耳边忽然响起如雷般的掌声，这才将目光转移到台上，梅已经发言完毕，正在向大家鞠躬致敬，她从容地微笑着，眼睛弯弯的，脸颊上嵌着一枚可爱的笑窝，和她爸爸一样，让人一瞧便觉得温暖。我转身看杰克，想告诉他我们的女儿说要在自己的屁股上纹“我永远是爸爸的小女生”，用来纪念对他的爱，可此刻，我的眼前除了运运，别无他人，我猛地转头看了各个方向，都是在拍掌、欢呼的陌生人。

是我在做梦吗？不，不可能！他的笑，他的声音还有他滑稽的玩笑和眼里的温柔，一切都是那么真实，他来过了，就坐在我身边，我的指间还残留着他给的温度，我没有做梦，杰克是来看我的，他知道我需要他……

然而最后，他还是走了。

“下次，你想我的时候，需要我的时候，你就闭上眼睛，我保证，你一定可以感觉到我。”

这句话不断在我脑中闪回，于是我闭上眼睛，小心翼翼地吸气、呼气。

“杰克，你真的就在我身边吗？”

到如今算起来，杰克已经走了整整三年零四个月，我还活着，虽然艰辛、痛苦，但为了他，我知道我不能放弃。

梅的毕业典礼后，我又回了上海，之后便过上了于美国和上海间不停奔波的生活，两边都有我的家人和挚友，也都有需要我参与投入的各色救助团体。再后来，梅去了俄亥俄州立大学，我便也把青年镇上的房子，也就是我同杰克曾经的

好友姐妹团，左起：黄琼、蒂娜、Queeney Tang、崔梅、Jacq Wood、凯蒂、苏珊

爱巢租给了别人，只身搬去了匹兹堡，希望能重新开始生活。在那里，我遇见了最棒的邻居王坚、黄琼夫妇，他们是那样善解人意、勤劳能干，总在我精神脆弱、需要帮助的时候施以援手。我还去了匹兹堡的节哀互助中心（Good Grieving Center），并结识了匹兹堡大学（The University of Pittsburgh，Medical Center）的心理咨询师米勒（Mark Miller）和迈克尔（Michael Lockovitch），我去他们那里治疗了16次，每次见面后都会按照要求完成他们布置的“家庭作业”，米勒和迈克尔用他们的真诚、爱心还有专业知识为我提供了启示，指明着方向。女作家夏瑞博士（Dr. Shellie Hipsky）、伊利华报的主编蒲瑛还有作家冰凌，以及追梦影像公司的伦纳德（Leonard Lies），他们也都爱上了杰克，爱上了我们的故事，用文字、用图片、用影像记录着美好爱情的点点滴滴。还有在故土的老作家黄宗英、

彭新琪、黄屏、姚芳藻、姜金城、周天等也都耐心地与我谈天，赠予我美丽的文字，希望我早日走出悲痛，重新开始生活……有太多太多好心的朋友，恕我无法一一赘述，但内心对他们的感恩会像我对杰克的爱和思念一样，永远伴随着我。

除此之外，我还遇见了一个神奇的家伙，他是杜克大学(Duquesne University)的教授，叫杰伊(Jay Liebowitz)，他常常帮助我一起整理和杰克的回忆录，还帮助我成立了经由美国联邦政府认证的“杰克教育基金”（Jack LaPresta Education Foundation），这个基金的宗旨是：伸出爱和耐心之手，资助突然失去亲人、面对大灾难和复杂悲哀情绪的弱势群体，商讨家庭价值观——同甘共苦，做对方的“粉丝”，朋友们都说我的面子真大，助手都是教授级别的。杰伊喜欢称自己是“杰克的好兄弟”，虽然他从未与杰克照过面。我相信杰伊的话，因为我知道，杰克一定喜欢他。

与迈克尔在一起

雪莉作品《平凡的人，不平凡的事》，书中收录了我和杰克的故事

与蒲瑛在一起

4月14日，周六，杰伊陪我回了趟青年镇，那里的房子要转租给另一个房客，我们得稍微收拾一下。

踏进厨房的那一刻，我的眼泪掉了下来。

大理石制成的料理台，阳光透过落地窗依旧懒洋洋地洒在上面，靠墙一面的两个灶台、八个炉灶，还有两只烤箱也都安静地待在原地，一切都仿佛没有改变的痕迹，只有吸油烟机上的搞怪卡通画不知去向，连着贴画的那个人，那个穿着专用围裙、哼着歌为两个最爱女人做菜的男人一起，不见了踪影。

回到匹兹堡后的一天，我在家附近散步，看到各式民宅，有好些的院子里都种着或娇艳或可爱的花朵，还有一家的主人和杰克一样喜爱瓜果蔬菜，他种了小番茄还有黄瓜。我不由得笑了出来，可马上心又一阵绞痛，我闭上眼睛，深吸了一口气。

“杰克，你在对吗？我又想你了，心很痛……”我感到有一阵风拂过了我的脸颊，吹起了我额上的散发，“我知道你的心一直在我身边，你的身体也在一个安全的地方长眠着，我知道我应该放心了，”忍不住轻叹了一口气，“真不敢相信，上帝能主管一切，他能叫你来到我身边，也能叫你离开……”

回到家，觉得有点儿饿，我烤了一片面包，然后又想起了杰克一直教我的，要学会感恩，我要感谢能吃上这片热腾腾的面包，虽然我是流着眼泪在吃。杰克，我要永远感谢你，你给了我不会消逝的爱和鼓励，它终将带走我所有的恐惧，叫我痊愈。你在我心中生了根扎了虬，很高兴能与你永远在一起，所以我不该害怕，我要重新装扮自己，重新开车，重新建造一个家……

杰克，我可以吗？我知道，你会说：“小波，你是最聪明的，没什么能难倒你，放手去干吧！”

我，听到了。

明天开始，你的身边再也没有我，
请试着理解，
有那样一个天使，降临到我的身边，
轻唤我的名字，为我指引方向。
天使告诉我，上帝已为我准备好了一切，

我的归宿，在远离人世的天堂。
我不会胆怯，亦不存遗憾，
我会带着心底那深深的爱，随她而去。

我知道你有多爱我，因我也是同样地爱你，
所以每当你想起我，我便可感受到你对我的思念。

请试着相信，
走入天堂大门时，
我的心，一如平日里开启家门那般，
安心与踏实。
上帝注视着我，对我微笑，
他说，欢迎回家。

所以，即使你的身边再也没有我，
也请千万不要认为，我们已生死相隔，
每当你想起我，
我就在这里，在你的心底。

致谢

Jack突然离世，对我的打击是致命的，尽管几辈子也用不完他给予我无条件的爱。回顾这五十多年的人生旅途，我一路上遇到好人，在精神和经济上都得到过他们的帮助，所以一直很想给每个人写一封感谢信，谢谢这些天使般的亲朋好友们，是他们温暖了我的心，让我可以化悲痛为力量。因版面有限，不能如愿一一列名：

感谢我的家人：父亲黄彬琳、母亲欧阳翠、杜梦璞、黄运运、黄小琳、杜宪纲、吴川、朱丹、周晴、周桥、杜垂云、杜亮、我的奶妈、黄建章、全成旭、王柯、许畅等。

感谢我的作家、企业家亲朋好友们：王安忆、罗洪、欧阳文彬、黄宗英、姚芳藻、黄屏、彭新琪、周天、姜金城、孙毅、夏写时、戴厚英、陈先法、费三金、陈大鹏、丁言昭、孔海珠、孔明珠、叶兆言、林骧华、曹钢、冰凌、朱忠良、潘海平、柯平凭、王修文、Brian Linden 、许林、李迅、Mr. Gee、李嘉英、华赞 &陈丽新、毛丽芳、倪举凌、汪如林、洑月萍、江桂兰、林厚省、浦瑛、郑慕文、George Lee 、Anny Liu、黄琼、Martin Yan 、盛春妹、蒋鲜花、洪艳青、赵萍才、王凌宇、廖载林、徐建海、刘宝林、李金城、高锦华、梁小军、Dr.Jay Liebowitz, Jerome & Eleanor Liebowitz , Josh Liebowitz , Jason Liebowitz, Jared Liebowitz , Hedy O’Beil。

感谢我的好友们：虹口区山阴路民办小学、淮海路第一小学、徐汇区沪光中学：蔡华萍、刘长松、李迅、唐玮、朱伯荣、陆连平、沈翠琴、朱爱珍、曹梅英、苏小元、支绍和；分析仪器厂技校：韩久凌、胡琳琳、成连宝、王存英、张晓啸、干开回、周知行、董夏妹、刘志祥；华东师大：姜海山、钟明义、杨景萍、黄芳、顾虹、周文强、陶安庭、姚云、戴醒、毕红秋.

Dr Pek & Jyhwa The、Dr Yee & Diane Ho、Dr宋科英 &金关宝、Dr Kong & Gim Oh、Dr丁云高、Dr张凯、Dr Tac Lee、苗瑞琴、Ida Fan、王丕、David Sturgeon、Gene Contreras、杨扬、吴铮、陶煜、黄静、朱海丽、周林华、石新华、胡志刚、陈燕萍、罗洪、尹舰、林丽燕、余建麟、汪健、陈鹏、Trinidad & Tony Galizia、陈天仁、张小伦、刘天擎、何采菊、陈永生、陈世瑞、孙一、刘幼嘉、崔梅、郭洪杰、张璐、陈雪、Bochy Fu、Queeny Ma、Tina Buxton、Justin Hsieh、吴燕来、赵左、徐伟功、Julia Shaw、Frank Valley、Chiayueh Yen、Tina Chuang等。

还要特别感谢才华横溢的石韫。两个星期，在我位于美国匹兹堡的家中，她与我朝夕相处，我们一同去了杰克的墓地，还去了杰克的姐姐琪琪家，与一大家子的美籍意大利人过了感恩节。石韫能理解我和杰克的“为爱痴狂”，她能读懂因杰克的突然逝世，我所经受的致命、绝望的痛。爱得越浓，痛得越深。她情感细腻，情真意切，听我的讲述与我同哭同笑。愿世间所有信仰爱情的“疯子们”都能相依相守，幸福安康。

因为爱 |代后记|

周晴

一

去过美国，和在内心中想象美国，是不一样的！

有爱滋养的日子，和没有爱的生活，更不是一回事了。

2010年，当我第一次踏上美国大地，感受那里的风土人情，呼吸着属于那里的空气时，脑海中经常会想到我的小阿姨小波和这两句话。

当飞机在美国高空盘旋时，我会不由自主地去想，N年前，小阿姨独自一人闯荡美利坚时内心的那份坚定，想在她的内心中是否如她消失在虹桥机场出入口时表现出来的那么义无反顾？又是什么成为她如此坚定赴美求学的理由呢？是否，从那一刻起，冥冥之中，她已经意识到在美国的某个角落，有一份她向往的生活，一份属于她的安定等着她？

就是在美国游走的那短短十多天时间里，当我感受着那里的现代和风情，惊诧于那里的便利和富饶时，总有一个念头同时在我的脑海萦回，我发现，当物质丰富以后，人对精神的需求会变得重要起来。

也就是在那一刹那，我理解了小姨为什么会在2009年她最伤心无助的时候跑回上海，回到家的怀抱疗伤！如果一个地方没有了爱，孤独和寂寞便会袭上身来。那么，那里再好，便也不会成为一个人的天堂。

“爱”这个字眼，奥妙无穷。

二

我的小阿姨小波是外婆最小的女儿，和我只差十岁。所以，虽然一直叫她小阿姨，但年龄的差距让我们像姐妹一样没有代沟。在我童年的记忆中，一直有小阿姨和好阿姨（小阿姨的姐姐）陪伴的身影，那应该是文革后期，我经常去淮海西路她们住的逸村玩耍，逸村那宽宽的木头扶梯、底楼屋前的天井、三楼一间很小的阁楼，今天想来还是那么亲切。我们曾经三个人窝在一张大床上聊天，一起大声地唱歌欢闹……岁月磨去了那时候诸多的阴影与烦恼，留下一段美好的印痕。

大概那段日子毕竟有许多难熬的时刻吧，我的外婆和几个阿姨也经常来我家商量事情，顺便带我出去玩。印象深刻的是1975年的暑假，小波带着我，坐着绿皮火车去了北京。那一年，我幼儿园毕业，7岁，小阿姨初中毕业，17岁。

第一次出远门，居然是跟着只有初中年龄的小姨，今天想来，我还是会感觉惊讶，爸爸妈妈居然放心？小阿姨哪来的勇气？但如果将记忆回转，我想大家都会记起，那个年代，正是知识青年上山下乡热火朝天的日子，我想小姨的那种热情与勇气，一定与那个年代的少年老成和鲁莽有关，当然，同时也与她本身的个性有关。小姨是人来熟，爱交朋友，总是热情满满的，这些，一定成为她未来面对生活的武器和宝典。想到十几年之后，小姨独自一人跑到更远的美国，这次的北京之行，是不是成为她未来生活的一次演习？

那段记忆有点模糊，但隐约还是有很多影像留下：比如在火车上，小姨总是将我抱在怀里，比如我们在天安门前的合影，在颐和园悠闲的身影，还有，有一天早晨我醒来发现小姨她们悄悄起早，丢下我去了长城，把我一个人留在北京阿婆的家里，害我好一阵哭……那一次，我们在北京逗留的时间是40天，那应该算是我和小波第一次亲密接触。

之后的十几年岁月，小波读了技校，工作，然后又考进了华师大外语系；我也从一个小学生长大成一个高中生，我们像两条在岁月的长河中时而欢腾的鱼儿，常常一有时间就相聚在一起：她带我去过林骧华老师家听课，听那些只有大学生才会关心的外国文学启蒙讲座；她带我去华师大校园过暑假，在那里的图书馆逗留；她带我去看电影去认识新朋友也去吃饭，在她与男生的约会时刻，搀着我的小手，让我成为那个亮灿灿的电灯泡……作为一个中学生，我对眼前的一切充满好奇，有时候，看到那些热情洋溢的男生，我也会去想象，我未来的小姨父会是个怎样的人呢？帅气，英俊，体贴，抑或听话？

正是那段日子，我觉得我的小姨似乎有用不完的劲，永远忙忙碌碌、热闹非凡；她那么喜欢聚会，好像不能忍受安静的生活，她喜欢与人交往，似乎轻易就能和别人成为朋友，她会爽朗地笑，她爱成为焦点，有她在，就有笑声和人气，这是不是一种凝聚力，一种情商，或者一种能力？拥有这样能力的小波总是不满足眼前的生活，她想要去更广阔的天地。

三

1986年，从华师大英语系毕业不久的小姨决定离开上海只身去美国读书、发展，80年代后期，出国潮正是如火如荼的时候，加上她本人的一些原因，小波自然而然地成了这大军中的一员。

我到今天还能清晰地记得我们在虹桥机场告别时的情景！

那天，她穿一件白色的绒线棒针外套，一条牛仔裤，斜挎着包，口袋里装着很少的钱，听说还是问亲戚借的，但她的眼眸里，充满了对即将到来的新生活的期待。

那一年，我18岁，刚进大学，对小姨的离开有点羡慕，又充满感伤，从一个懵懂的女孩子的眼光出发，那时候我眼睛里的美国光鲜靓丽，充满魔力。我知道能干如小姨，聪明如小姨，应该可以应对任何难题，但是，但是，小姨一个人去往一个遥远又陌生的国家，从此与我隔着偌大的一个太平洋，要何时才能再见面呢？还有，我心里隐约有点忧虑，我不知道当小姨登上飞机，想到未来什么都要独自面对时，她会不会有一些些的胆怯？我更无法想象没有了亲人和依赖，她要如何去面对那些孤独与想念的日子？

那之后的十年，通讯远不如今天发达，小姨的信息时断时续传到上海，她很少回来，我们知道她中断了读书，在美国中部的一个小城市里，她找到了Jack，有了属于她的家，安稳却依然有些艰难地开始了在美国的日子。

我们最先是从照片上认识Jack的，那个高大英俊、满脸笑容的男人，与我想象中的小姨夫，多少有一点格格不入，听说他比小波大了十几岁，更是让我心里有了疑惑。

在小姨的信中，我们知道他是个美籍意大利后裔，会做面包，有一家面包店，对小姨很好，所谓体贴入微，把她当作手心里的宝贝。

后来，在上海我们见面了，感觉中Jack就像个大男孩一样热情、灿烂，有着西方人魁梧的身材，他用好不容易学会的上海话和我们打招呼，对餐桌上的美食无比热爱，永远对着小姨笑，似乎理解并容忍她的一切。

有一个细节很有意思，那时他们住在徐家汇的西亚大酒店，从窗口望出去就是人流如织的天桥和大马路，Jack一定是对这么多的人流太好奇了，他会在窗口目不转睛地看着楼下。

相比美国，上海的人真是多得让Jack目瞪口呆。

那次在美国观光，清晨起得早，我一个人走出酒店，想去看看美国的乡村生活，但走了好久，除了飞驰而过的汽车，我几乎没遇见一个人，难怪Jack对那么多人在马路上川流不息会好奇。这细节同时让我想到了小姨，想到那么多年，身在异乡的小波所要面对的孤独与无奈，那种远离亲人、远离祖国的寂寥，那么喜欢热闹喜欢聚会的小姨，是如何排解的呢？是什么拴住了她，让她心甘情愿在美国的一个小小城市里安居乐业？难道正是眼前这个如大男孩一样的Jack吗？

要知道，那些年，小姨像消失了一般，很少出现在上海。她似乎沉浸在美国乡村的空气和土壤中，在Jack温暖的怀抱中优哉游哉。

有时候，大家庭聚会，说到远在美国的小姨，大家都会感叹，如今中国的发展日新月异，如果小姨没去美国，而是留在上海，以她的个性和聪颖，应该也会有很好的发展，然后，大家都很感叹，真不知道美国有什么值得留恋的，那个叫Jack的男人，又是如何让小波安静地留下的！

四

老实说，一直到2009年3月小姨回来，我才真正试着从内心去理解她。

2009年的春节，小姨从美国打来越洋电话，那时，正是她生活中最艰难的一段日子，Jack的意外离开还不到一个月，国内的春节又在眼前，她在电话里一遍遍地诉说着那份无奈与无助，她说自己每天都无法入眠，眼前总是有Jack的笑容，那种伤心，让她心力憔悴！

失去了，才知道她的弥足珍贵吧。

她说，晴啊，你帮帮我，帮帮我！

我不知道如何安慰，拿着话筒，无言以对。

只能一遍一遍地对她说，那么，小阿姨，你回来吧，回来吧，回到上海来吧！

我知道，人在最虚弱的时候，家是最好的疗伤地。

于是，一个月以后，当美国无法消解她的悲伤，当落单、寂寞，还有身在异乡的漂浮感让她无处可逃时，她想到了自己的出生地上海，想到了可以倚靠的母亲。

她买了张单程机票，在最难熬的时刻，带着惆怅和失落，回到了我的老外婆身边，回到了生她养她的上海。

上海的这个大家庭，特别是我的老外婆，还有她的兄弟姐妹，用亲情和爱接纳了她，包容了她，也温暖了她！在她最悲伤无助的时候，上海仍然是她最亲爱的故乡，有她熟悉的味道和气息，可以抚慰她受伤的心灵。

这两年里，在上海的日子里，她不断诉说着过去的点滴，不断神话着那22年她在美国有爱有Jack的生活，任何的场合、任何的机会都不放过，哪怕面对的是第一次见面的陌生人。

那种宣泄和叙述，是不是一种想放开的方式？

而每到夜晚降临，她便不能自持，需要有人陪伴度过，显出一点小鸟依人的无奈和无助。每每这个时候，她的身边始终有亲人的陪伴。

我从她的诉说中，更多一点认识了Jack：

他将我和Mae（他们的女儿）都当做宝贝，每天围着我们转；

他喜欢在枕头边为我留下一张张写满爱的纸条；

他总是在我去上班前，提前去外面为我发动好汽车，开好空调，生怕我冷了或热了；

我们一起度过生命中最艰难的时刻，去外面摆摊，跺着脚来抵御寒冷；

我拉肚子，他就不睡觉一直站在厕所门口守着我；

他是我的依赖，我的依托，没有了他，我真不知道如何生活下去

……

那个曾经在我眼睛里独立、能干又好强的小波，那个我以为对一切无所畏惧总是热情满满的小波，其实并不像她表现的那么坚强，她同样有脆弱有无奈和无助，同样需要坚强的肩膀和爱的陪伴！

两年里，我们一起去过一些地方，有过多次交流，我知道虽然她想振作起来，但其实很多时候她还是无法放下，我们所有的话题，都会引她想到Jack，会让她忽然就沉默或者伤心；每次聚会，看到我们出双入对，她会从眼波里流露出些许的黯然神伤。

小波曾经和我喃喃地说起她童年里一些悲伤的记忆：人家来抄家，还打伤了

父母，自己虽然害怕，却还要一个人在深夜去为家人求医生上门；还有，父母的心情都不好，偶尔相聚就吵架，她觉得那简直是世界末日，常常一个人躲在角落害怕地哭泣；而更多的时候，父母离开家去改造，她只能和姐姐一起学着在家里照顾自己，偌大的房子里，连老鼠都有伙伴，而她却尝尽孤独的滋味，伤心无助！

那种孤独，那种无助和寂寥，对于当时只有十多岁的孩子来说，实在是有些残酷的，也就愈发刻骨铭心，成为未来日子里抹不去的创伤和记忆……

她说，她在那个时候曾经暗暗发誓，将来，自己一定要找到一个安全的角落，找到一个能保护自己的丈夫！

我知道了，她为什么会需要Jack宽厚的肩膀和灿烂的笑容，一个人的童年记忆，真的会影响他未来一辈子的生活吧，那种安全的感觉，或许是生存和做任何事情的一个基础。

我也明白了，那个看上去并不出众的Jack和他那种温暖可靠的爱护，比其他任何东西对小波来说都更珍贵，正是她，神奇地医治了小波童年记忆中的那些创伤。身在异国，小波一定比我们更需要一种依靠、一点安慰，而Jack的爱，对远在他乡拼搏和生活的小波来说，无形中幻化为一种象征、一个结实的肩膀和一份亲情，成为一种精神寄托，让小波可以因此沉浸在属于家的温暖气息中乐不思蜀。

看来，每个人都会有内心深处最柔软的地方，经历过文革遭遇的小波，更是在心灵深处藏着一点疲惫和恐惧，只有深爱她的人，才可以走进那个柔软的所在，成为她的依靠！

难怪那个有爱的地方，会有了她22年心甘情愿的相依相守。

难怪，当爱消失，美国也就失却了魔力，只有上海的家和老外婆的爱，才能为她包扎伤口……

然而，毕竟是岁月中最值得珍藏的22年，是她生命中有爱的日子。

在上海的时候，她经常会向我们唠叨这22年的点滴，一直说要将这些美好的日子记录下来，起初我们都以为她只是说说而已，但她却开始行动了。

她寻求各种机会去促成这件事情，最后通过父亲和陈先法先生，找到了石韫小姐，开始了叙述与记录的旅程，于是，有了这本书。

从小波琐碎的叙述中理出脉络和故事，感受小波内心的爱与伤痛，都很不容易。读到石韫撰写的初稿时，我看到了她笔下清晰的人物和故事，干净利落的文字，还有感同身受的情感，这些，都很好地展现了一个爱的故事，让我们更好地了解她、理解她，也去更深一点地相信爱情！

五

小波在上海的这两年，一直在努力面对，倾诉、忙碌、交流、沟通，寻求未来，她的放得开和放不开，纠结与矛盾，都在眼前；她去各种聚会，与各式朋友打交道，吃饭、聊天、旅游、交友，让旁观者感受到她的开朗和快乐，坦率与亲和，看不到她内心的煎熬和受伤。

两年里，大家庭也都伸出了自己的援手，大家一有空就去她租住的天钥桥路的家，用善意的方式倾听、安慰，宽容她，给她亲情，也给她继续生活的勇气……

我们看着她渐渐平静下来，有了重新去发现爱、感受爱的勇气，但即便如此，上海，对小波来说，还是缺了点什么。

她结识了许多新朋友，因为她的坦率与好客，很快就来往甚密；朋友生日，她为朋友操办聚会；许多美国朋友因为她在上海而过来旅游，她们一起去云南去杭州去北京……她学国画学古筝学瑜伽，她将每一天都排满，不让自己有机会停下来思念，日子看上去似乎并不难熬！

我们心里都清楚她需要什么，上海可以为她疗伤，但却无法让她安定下来，说到底，她无法完完全全地融入上海，她需要的一个完整的家。

她需要一个人去爱她，需要再去学会爱一个人。她是那么强烈地需要有人爱有人陪伴啊……

这个我们谁都无法替代。

值得欣慰的是，她终于从亲人的爱和安慰中获得了能量，整理好心情，重新出发……

两年后，她又有了爱的勇气，我们看到了她的男友Jay，一个大学老师，美籍犹太裔，很帅很认真，用美国人的方式表达着对小波的喜欢，他理解小波对Jack刻骨铭心的爱，在他的眼睛里小波没有缺点，菜烧得好吃，开朗、性感、善解人意又礼数周全……

他们用彼此的真心交换着对爱的理解和容忍，接受过去，并决定好好面对未来。

我蛮感慨他们之间那种美国式的交往方式，彼此坦诚，小波甚至带他去了她原来居住的城镇，去Jack的墓地，也去见Jack的家人，去获得他们的理解和祝福。

美国，还是她喜欢的地方，只要有爱，有安定的生活，那里便有她的未来。

小波变回了原来的模样，那个只有自己的爱最重要的幸福的人儿，看到她这样，我知道，她终将摆脱过去，开始一段崭新的生活。

她为他们的爱，和这么美好缠绵的爱情故事画上了一个圆满的句号。我想，这，也是在天堂的Jack愿意看到的。

2011年的3月，小波和Jay一起来到上海，一个星期间，她将曾经从美国运过来的东西全部运回了美国，运到Jay居住的城市，整整30个箱子啊。

也许，她又会消失一段时间了，我的老外婆要寂寞了，回归她原本安静的生活了。

那天，大病初愈的父亲请客，大家庭又一次欢聚在一起。

我的老外婆言辞激动，叙说了这两年来的不容易，也在回味这两年来和小波相依为命的日子，她当然很开心小波可以重生——重新获得爱的能力，也祝福她的未来有更多开心的日子。

我的老外婆在那天晚上最后说：

“祝愿所有的亲人，要有爱，要健康，要快乐，然后幸福地生活！”

是呀，是呀！

我们都要有爱，要健康、快乐、幸福地过每一天的日子！

谨此祝福我亲爱的小阿姨。

希望她经常回到故乡上海，回到我们的大家庭中来。

2012年6月于上海昭化路小屋